Algorithmie en Python :

50 Exercices Pratiques pour Développer vos Compétences en Programmation

Table des matières

Introduction

La programmation est une porte ouverte sur un monde d'infinies possibilités. Et parmi les langages de programmation qui vous permettent d'explorer ce monde de manière puissante et créative, Python brille d'un éclat particulier. Sa simplicité et sa flexibilité en font un choix idéal pour les débutants tout en étant un outil puissant entre les mains des programmeurs expérimentés. Mais la maîtrise de Python ne se limite pas à connaître la syntaxe du langage. Pour devenir un véritable expert en programmation, vous devez également maîtriser l'art de l'algorithmie.

L'algorithmie, c'est la science de la résolution de problèmes. C'est l'art de concevoir des solutions efficaces et élégantes pour des défis informatiques de toutes sortes. C'est la clé pour passer d'un simple scripteur Python à un véritable développeur capable de créer des applications robustes et des systèmes complexes. C'est l'élément qui distingue les amateurs des professionnels.

1. Tri à bulles

Problème : Tri à bulles

Description : Le tri à bulles est un algorithme de tri simple. L'idée est de parcourir un tableau d'entiers plusieurs fois en comparant les éléments adjacents et en les échangeant s'ils sont dans le mauvais ordre. On répète ce processus jusqu'à ce que le tableau soit trié. Écrivez une fonction qui trie un tableau d'entiers en utilisant l'algorithme de tri à bulles.

Exemple en Python :

```python
def tri_a_bulles(arr):
n = len(arr)
for i in range(n):
for j in range(0, n-i-1):
if arr[j] > arr[j+1]:
arr[j], arr[j+1] = arr[j+1], arr[j]

# Exemple d'utilisation
arr = [64, 34, 25, 12, 22, 11, 90]
tri_a_bulles(arr)
```

```
print("Tableau trié:")
print(arr)
```

Solution : L'algorithme de tri à bulles consiste à parcourir le tableau à l'aide de deux boucles imbriquées. La boucle extérieure parcourt le tableau de gauche à droite, tandis que la boucle intérieure parcourt le tableau pour comparer les éléments adjacents et les échanger si nécessaire. Après avoir parcouru tout le tableau une fois, l'élément le plus grand se retrouvera à la fin. En répétant ce processus pour toutes les paires adjacentes, le tableau sera finalement trié.

Lorsque vous exécutez l'exemple ci-dessus, vous obtiendrez le tableau trié comme suit :

```
Tableau trié:
[11, 12, 22, 25, 34, 64, 90]
```

Le tri à bulles est relativement simple à comprendre, mais il n'est pas très efficace pour de grandes quantités de données. Cependant, il constitue une excellente introduction aux algorithmes de tri et à la compréhension des boucles imbriquées.

2 Tri par sélection

Problème : Tri par sélection

Description : Le tri par sélection est un algorithme de tri simple qui parcourt le tableau à plusieurs reprises pour trouver l'élément minimum et le place à la bonne position. Écrivez une fonction qui trie un tableau d'entiers en utilisant l'algorithme de tri par sélection.

Exemple en Python :

```python
def tri_par_selection(arr):
    n = len(arr)
    for i in range(n):
        # Trouver l'indice du minimum dans la portion non triée
        du tableau
        min_index = i
        for j in range(i+1, n):
            if arr[j] < arr[min_index]:
                min_index = j

        # Échanger l'élément minimum avec l'élément en cours
        de tri
        arr[i], arr[min_index] = arr[min_index], arr[i]

# Exemple d'utilisation
arr = [64, 25, 12, 22, 11]
tri_par_selection(arr)
print("Tableau trié:")
print(arr)
```

Solution : L'algorithme de tri par sélection consiste à parcourir le tableau à l'aide de deux boucles imbriquées. La boucle extérieure parcourt le tableau de gauche à droite et sélectionne l'élément minimum dans la portion non triée du tableau. La boucle intérieure parcourt la portion non triée pour trouver l'indice de l'élément minimum. Une fois trouvé, l'élément minimum est échangé avec l'élément en cours de tri.

Lorsque vous exécutez l'exemple ci-dessus, vous obtiendrez le tableau trié comme suit :

Tableau trié:
[11, 12, 22, 25, 64]

Le tri par sélection est simple à comprendre et il est assez efficace pour de petites quantités de données. Cependant, il n'est pas adapté aux grandes quantités de données en raison de sa complexité en temps quadratique (O(n^2)). Pour des données plus importantes, des algorithmes de tri plus efficaces, tels que le tri rapide ou le tri fusion, sont préférables.

3. Tri par insertion

Problème : Tri par insertion

Description : Le tri par insertion est un algorithme de tri qui construit une liste triée d'éléments un par un. À chaque itération, il prend un élément non trié et l'insère à la bonne position dans la partie déjà triée du tableau. Écrivez une fonction qui trie un tableau d'entiers en utilisant l'algorithme de tri par insertion.

Exemple en Python :

```python
def tri_par_insertion(arr):
for i in range(1, len(arr)):
cle = arr[i]
j = i - 1
while j >= 0 and cle < arr[j]:
arr[j + 1] = arr[j]
j -= 1
arr[j + 1] = cle

# Exemple d'utilisation
arr = [64, 25, 12, 22, 11]
tri_par_insertion(arr)
print("Tableau trié:")
print(arr)
```

Solution : L'algorithme de tri par insertion consiste à parcourir le tableau de gauche à droite, en considérant chaque élément comme une clé à insérer dans la portion déjà triée du tableau. À chaque étape, l'algorithme compare la clé avec les éléments de la portion triée, déplace les éléments plus grands vers la droite et insère la clé à la position correcte.

Lorsque vous exécutez l'exemple ci-dessus, vous obtiendrez le tableau trié comme suit :

Tableau trié:
[11, 12, 22, 25, 64]

Le tri par insertion est efficace pour trier de petites quantités de données ou des données presque triées. Cependant, sa complexité en temps est quadratique ($O(n^2)$), ce qui le rend moins adapté aux grandes quantités de données. Pour des volumes de données plus importants, d'autres algorithmes de tri plus rapides peuvent être préférés.

4. Tri rapide (Quicksort)

Problème : Tri rapide (Quicksort)

Description : Le tri rapide (Quicksort) est un algorithme de tri efficace qui utilise une approche de division et conquête pour trier un tableau. Il choisit un élément pivot, divise le tableau en deux sous-tableaux (un avec des éléments plus petits que le pivot et un avec des éléments plus grands), puis récursivement trie les sous-tableaux. Écrivez une fonction qui trie un tableau d'entiers en utilisant l'algorithme de tri rapide.

Exemple en Python :

```python
def tri_rapide(arr):
if len(arr) <= 1:
return arr

pivot = arr[len(arr) // 2]
elements_inf = [x for x in arr if x < pivot]
elements_eq = [x for x in arr if x == pivot]
elements_sup = [x for x in arr if x > pivot]

return tri_rapide(elements_inf) + elements_eq +
tri_rapide(elements_sup)

# Exemple d'utilisation
arr = [64, 25, 12, 22, 11]
arr_trie = tri_rapide(arr)
print("Tableau trié:")
print(arr_trie)
```

Solution : L'algorithme de tri rapide (Quicksort) commence par choisir un élément pivot du tableau. Ensuite, il divise le tableau en trois parties : les éléments inférieurs au pivot, les éléments égaux au pivot et les éléments supérieurs au pivot. Les deux sous-tableaux contenant des éléments inférieurs et supérieurs sont ensuite triés récursivement en utilisant le même algorithme. Les trois parties sont ensuite concaténées pour donner le tableau trié.

Lorsque vous exécutez l'exemple ci-dessus, vous obtiendrez le tableau trié comme suit :

Tableau trié:
[11, 12, 22, 25, 64]

Le tri rapide est l'un des algorithmes de tri les plus efficaces en moyenne et il est couramment utilisé dans la pratique. Sa complexité en temps moyenne est de O(n log n), ce qui en fait un choix judicieux pour trier de grandes quantités de données.

5. Tri fusion (Mergesort)

Problème : Tri fusion (Mergesort)

Description : Le tri fusion (Mergesort) est un algorithme de tri efficace qui divise récursivement un tableau en deux moitiés, trie chaque moitié, puis fusionne les deux moitiés triées pour obtenir le tableau final trié. Écrivez une fonction qui trie un tableau d'entiers en utilisant l'algorithme de tri fusion.

Exemple en Python :

```python
def tri_fusion(arr):
if len(arr) <= 1:
return arr

# Diviser le tableau en deux moitiés
milieu = len(arr) // 2
gauche = arr[:milieu]
droite = arr[milieu:]

# Trier récursivement chaque moitié
gauche = tri_fusion(gauche)
droite = tri_fusion(droite)

# Fusionner les deux moitiés triées
return fusionner(gauche, droite)

def fusionner(gauche, droite):
resultat = []
i = j = 0

while i < len(gauche) and j < len(droite):
if gauche[i] < droite[j]:
resultat.append(gauche[i])
i += 1
else:
resultat.append(droite[j])
j += 1

resultat.extend(gauche[i:])
```

```python
    resultat.extend(droite[j:])
    return resultat

# Exemple d'utilisation
arr = [64, 25, 12, 22, 11]
arr_trie = tri_fusion(arr)
print("Tableau trié:")
print(arr_trie)
```

Solution : L'algorithme de tri fusion (Mergesort) commence par diviser le tableau en deux moitiés égales. Ensuite, il trie récursivement chaque moitié en utilisant la même méthode. Une fois que les deux moitiés sont triées, elles sont fusionnées dans un nouveau tableau trié en comparant les éléments à chaque étape.

La fonction tri_fusion divise le tableau en deux parties, puis appelle récursivement tri_fusion sur chacune des moitiés. Ensuite, la fonction fusionner est utilisée pour fusionner les moitiés triées en un tableau trié.

Lorsque vous exécutez l'exemple ci-dessus, vous obtiendrez le tableau trié comme suit :

Tableau trié:
[11, 12, 22, 25, 64]

Le tri fusion est un algorithme de tri stable et a une complexité en temps de O(n log n), ce qui en fait une option efficace pour trier de grandes quantités de données.

6. Recherche binaire

Problème : Recherche binaire

Description : La recherche binaire est un algorithme de recherche efficace utilisé pour trouver un élément dans un tableau trié. Il divise récursivement le tableau en deux moitiés, compare l'élément recherché avec l'élément au milieu et réduit la recherche à la moitié appropriée du tableau. Écrivez une fonction qui effectue une recherche binaire dans un tableau trié et renvoie l'indice de l'élément recherché s'il est présent, sinon -1.

Exemple en Python :

```python
def recherche_binaire(arr, element):
    debut = 0
    fin = len(arr) - 1

    while debut <= fin:
        milieu = (debut + fin) // 2
        if arr[milieu] == element:
            return milieu
```

```python
        elif arr[milieu] < element:
            debut = milieu + 1
        else:
            fin = milieu - 1

    return -1

# Exemple d'utilisation
arr = [11, 12, 22, 25, 64]
element_recherche = 22
indice = recherche_binaire(arr, element_recherche)

if indice != -1:
    print(f"L'élément {element_recherche} se trouve à
l'indice {indice}.")
else:
    print(f"L'élément {element_recherche} n'a pas été
trouvé dans le tableau.")
```

Solution : L'algorithme de recherche binaire commence
par initialiser les indices debut et fin pour délimiter la
portion du tableau dans laquelle il recherche. Il calcule
ensuite l'indice milieu qui est l'indice de l'élément au
milieu de la portion actuelle. L'algorithme compare
l'élément recherché avec l'élément au milieu, et en
fonction de cette comparaison, il réduit la recherche à la
moitié appropriée du tableau.

L'algorithme répète ce processus jusqu'à ce que

l'élément recherché soit trouvé ou que la portion de recherche devienne vide (c'est-à-dire lorsque debut > fin). Si l'élément est trouvé, l'indice de cet élément est renvoyé. Sinon, -1 est renvoyé pour indiquer que l'élément n'a pas été trouvé.

Dans l'exemple ci-dessus, la recherche binaire est utilisée pour trouver l'indice de l'élément 22 dans le tableau trié. Le résultat est affiché comme suit :

L'élément 22 se trouve à l'indice 2.

La recherche binaire est un algorithme très efficace pour trouver des éléments dans un tableau trié, car elle réduit considérablement le nombre d'itérations nécessaires pour trouver un élément par rapport à une recherche linéaire.

7. Recherche séquentielle

Problème : Recherche séquentielle

Description : La recherche séquentielle est un algorithme simple utilisé pour rechercher un élément dans un tableau en parcourant le tableau de gauche à droite et en comparant chaque élément avec l'élément recherché. Écrivez une fonction qui effectue une recherche séquentielle dans un tableau et renvoie l'indice de l'élément recherché s'il est présent, sinon -1.

Exemple en Python :

```python
def recherche_sequentielle(arr, element):
    for i in range(len(arr)):
        if arr[i] == element:
            return i
    return -1

# Exemple d'utilisation
arr = [11, 12, 22, 25, 64]
element_recherche = 22
indice = recherche_sequentielle(arr, element_recherche)

if indice != -1:
    print(f"L'élément {element_recherche} se trouve à l'indice {indice}.")
else:
    print(f"L'élément {element_recherche} n'a pas été trouvé dans le tableau.")
```

Solution : L'algorithme de recherche séquentielle parcourt le tableau élément par élément en utilisant une boucle for. À chaque itération, il compare l'élément en cours de traitement avec l'élément recherché. Si l'élément est trouvé, l'indice de cet élément est renvoyé. Si la boucle se termine sans trouver l'élément, -1 est renvoyé pour indiquer que l'élément n'a pas été trouvé.

Dans l'exemple ci-dessus, la recherche séquentielle est utilisée pour trouver l'indice de l'élément 22 dans le tableau. Le résultat est affiché comme suit :

L'élément 22 se trouve à l'indice 2.

La recherche séquentielle est simple à comprendre et à mettre en œuvre, mais elle peut être moins efficace que d'autres algorithmes de recherche, en particulier pour de grandes quantités de données, car elle nécessite de parcourir tout le tableau dans le pire des cas.

8. Factorielle d'un nombre

Problème : Calcul de la factorielle d'un nombre

Description : La factorielle d'un nombre entier positif n, notée n!, est le produit de tous les entiers positifs de 1 à n. Écrivez une fonction qui calcule la factorielle d'un nombre n.

Exemple en Python :

```python
def factorielle(n):
if n == 0:
return 1
```

```
else:
resultat = 1
for i in range(1, n + 1):
resultat *= i
return resultat

# Exemple d'utilisation
n = 5
fact = factorielle(n)
print(f"La factorielle de {n} est {fact}.")
```

Solution : L'algorithme pour calculer la factorielle d'un nombre consiste à multiplier tous les entiers de 1 à n ensemble. Si n est égal à zéro, la factorielle est définie comme 1 par convention.

Dans l'exemple ci-dessus, la fonction factorielle prend un nombre entier n comme argument et calcule la factorielle en utilisant une boucle for pour multiplier tous les entiers de 1 à n. Le résultat est renvoyé comme la factorielle de n.

Lorsque vous exécutez l'exemple avec n = 5, vous obtiendrez le résultat suivant :

La factorielle de 5 est 120.

Le calcul de la factorielle est couramment utilisé en mathématiques et en informatique, notamment dans des domaines tels que la combinatoire, les statistiques et l'analyse des algorithmes.

9. Calcul de la somme d'une série d'entiers

Problème : Calcul de la somme d'une série d'entiers

Description : Vous devez écrire une fonction qui calcule la somme des entiers de 1 à n, où n est un nombre entier positif donné. En d'autres termes, vous devez calculer la somme $1 + 2 + 3 + ... + n$.

Exemple en Python :

```python
def somme_serie_entiers(n):
    somme = 0
    for i in range(1, n + 1):
        somme += i
    return somme

# Exemple d'utilisation
n = 5
resultat = somme_serie_entiers(n)
print(f"La somme des entiers de 1 à {n} est {resultat}.")
```

Solution : L'algorithme pour calculer la somme des entiers de 1 à n consiste à utiliser une boucle for pour additionner chaque entier de 1 à n à une variable de somme initialement définie à zéro. À la fin de la boucle, la somme totale est renvoyée comme résultat.

Dans l'exemple ci-dessus, la fonction somme_serie_entiers prend un nombre entier n comme argument, parcourt tous les entiers de 1 à n, et accumule la somme totale dans la variable somme.

Lorsque vous exécutez l'exemple avec n = 5, vous obtiendrez le résultat suivant :

La somme des entiers de 1 à 5 est 15.

Ce problème est souvent rencontré en mathématiques et en informatique, et la formule de sommation est utilisée pour calculer rapidement la somme des entiers consécutifs. Cependant, l'approche itérative est utile pour illustrer les concepts de base de la programmation.

10. Calcul de la puissance d'un nombre

Problème : Calcul de la puissance d'un nombre

Description : Vous devez écrire une fonction qui calcule la puissance d'un nombre x élevé à une puissance entière positive n, où x et n sont des nombres donnés. En d'autres termes, vous devez calculer x^n.

Exemple en Python :

```
def puissance(x, n):
resultat = 1
for _ in range(n):
resultat *= x
return resultat

# Exemple d'utilisation
x = 2
n = 5
resultat = puissance(x, n)
print(f"{x} élevé à la puissance {n} est égal à {resultat}.")
```

Solution : L'algorithme pour calculer la puissance d'un nombre consiste à utiliser une boucle for pour multiplier le nombre x par lui-même n fois, en accumulant le résultat dans une variable resultat. Initialement, resultat est défini à 1, puis il est mis à jour à chaque itération de la boucle en multipliant par x.

Dans l'exemple ci-dessus, la fonction puissance prend deux arguments, x et n, et utilise une boucle pour calculer x élevé à la puissance n.

Lorsque vous exécutez l'exemple avec x = 2 et n = 5,

vous obtiendrez le résultat suivant :

2 élevé à la puissance 5 est égal à 32.

Le calcul de la puissance est un problème courant en mathématiques et en informatique, et il existe des algorithmes plus efficaces pour gérer les cas de puissance élevée, mais cette approche itérative est utile pour comprendre les bases de la résolution de ce problème.

11. Calcul du plus grand commun diviseur (PGCD) de deux nombres

Problème : Calcul du plus grand commun diviseur (PGCD) de deux nombres

Description : Vous devez écrire une fonction qui calcule le PGCD de deux nombres entiers positifs, a et b, où a et b sont donnés. Le PGCD de deux nombres est le plus grand nombre entier qui divise à la fois a et b sans laisser de reste.

Exemple en Python :

```python
def pgcd(a, b):
while b:
```

```
    a, b = b, a % b
return a

# Exemple d'utilisation
nombre1 = 48
nombre2 = 18
resultat = pgcd(nombre1, nombre2)
print(f"Le PGCD de {nombre1} et {nombre2} est
{resultat}.")
```

Solution : L'algorithme pour calculer le PGCD de deux
nombres repose sur l'algorithme d'Euclide, qui utilise
une boucle while pour réduire progressivement les
nombres jusqu'à ce que l'un d'eux atteigne zéro. Le
PGCD est alors égal à l'autre nombre non nul.

Dans l'exemple ci-dessus, la fonction pgcd prend deux
arguments, a et b, et utilise l'algorithme d'Euclide pour
calculer le PGCD.

Lorsque vous exécutez l'exemple avec nombre1 = 48 et
nombre2 = 18, vous obtiendrez le résultat suivant :

Le PGCD de 48 et 18 est 6.

Le calcul du PGCD est utile dans de nombreux
domaines des mathématiques et de l'informatique,
notamment en arithmétique, en cryptographie et en
optimisation. L'algorithme d'Euclide est l'une des

méthodes les plus couramment utilisées pour calculer le PGCD de deux nombres.

12. Calcul du plus petit commun multiple (PPCM) de deux nombres

Problème : Calcul du plus petit commun multiple (PPCM) de deux nombres

Description : Vous devez écrire une fonction qui calcule le PPCM de deux nombres entiers positifs, a et b, où a et b sont donnés. Le PPCM de deux nombres est le plus petit nombre entier positif qui est un multiple commun de ces deux nombres.

Exemple en Python :

```python
def ppcm(a, b):
# Le PPCM est le produit des deux nombres divisé par
leur PGCD
def pgcd(x, y):
while y:
x, y = y, x % y
return x

return (a * b) // pgcd(a, b)

# Exemple d'utilisation
```

```
nombre1 = 12
nombre2 = 18
resultat = ppcm(nombre1, nombre2)
print(f"Le PPCM de {nombre1} et {nombre2} est
{resultat}.")
```

Solution : Pour calculer le PPCM de deux nombres a et b, nous utilisons la formule suivante :

PPCM(a, b) = (a * b) / PGCD(a, b)

Dans cet exemple, nous définissons une fonction pgcd pour calculer le PGCD de deux nombres en utilisant l'algorithme d'Euclide. Ensuite, nous utilisons cette fonction pour calculer le PPCM en utilisant la formule mentionnée ci-dessus.

Lorsque vous exécutez l'exemple avec nombre1 = 12 et nombre2 = 18, vous obtiendrez le résultat suivant :

Le PPCM de 12 et 18 est 36.

Le calcul du PPCM est utile dans divers domaines des mathématiques et de l'informatique, notamment en arithmétique, en théorie des nombres et dans les problèmes de planification de calendrier.

13. Recherche de nombres premiers dans

une plage donnée

Problème : Recherche de nombres premiers dans une plage donnée

Description : Vous devez écrire une fonction qui recherche et renvoie tous les nombres premiers dans une plage donnée de 1 à n, où n est un nombre donné. Un nombre premier est un nombre entier positif supérieur à 1 qui n'a aucun diviseur autre que 1 et lui-même.

Exemple en Python :

```python
def est_nombre_premier(nombre):
if nombre <= 1:
return False
for i in range(2, int(nombre**0.5) + 1):
if nombre % i == 0:
return False
return True

def recherche_nombres_premiers(n):
nombres_premiers = []
for nombre in range(2, n + 1):
if est_nombre_premier(nombre):
nombres_premiers.append(nombre)
return nombres_premiers
```

```
# Exemple d'utilisation
n = 30
nombres_premiers = recherche_nombres_premiers(n)
print(f"Les nombres premiers dans la plage de 1 à {n} sont
:")
print(nombres_premiers)
```

Solution : L'algorithme pour rechercher les nombres premiers dans une plage donnée commence par une fonction est_nombre_premier qui vérifie si un nombre donné est premier. Pour ce faire, elle parcourt tous les entiers de 2 à la racine carrée du nombre et vérifie si le nombre est divisible par l'un d'entre eux. Si tel est le cas, le nombre n'est pas premier.

Ensuite, la fonction recherche_nombres_premiers parcourt tous les entiers de 2 à n et utilise la fonction est_nombre_premier pour déterminer quels nombres sont premiers. Les nombres premiers trouvés sont stockés dans une liste.

Lorsque vous exécutez l'exemple avec n = 30, vous obtiendrez le résultat suivant :

Les nombres premiers dans la plage de 1 à 30 sont :
[2, 3, 5, 7, 11, 13, 17, 19, 23, 29]

La recherche de nombres premiers est un problème

fondamental en mathématiques et en informatique, et l'algorithme ci-dessus est une méthode simple mais efficace pour trouver les nombres premiers dans une plage donnée.

14. Calcul de la somme des chiffres d'un nombre

Problème : Calcul de la somme des chiffres d'un nombre

Description : Vous devez écrire une fonction qui calcule la somme des chiffres d'un nombre entier donné. Par exemple, pour le nombre 123, la somme des chiffres est $1 + 2 + 3 = 6$.

Exemple en Python :

```python
def somme_chiffres(nombre):
somme = 0
while nombre > 0:
chiffre = nombre % 10
somme += chiffre
nombre //= 10
return somme

# Exemple d'utilisation
nombre = 12345
```

```
resultat = somme_chiffres(nombre)
print(f"La somme des chiffres de {nombre} est
{resultat}.")
```

Solution : L'algorithme pour calculer la somme des chiffres d'un nombre consiste à utiliser une boucle while pour extraire successivement chaque chiffre du nombre. À chaque étape, le chiffre le plus à droite est extrait en prenant le reste de la division par 10 (nombre % 10), puis il est ajouté à la somme. Ensuite, le chiffre extrait est retiré du nombre en le divisant par 10 (nombre //= 10).

La boucle continue jusqu'à ce que le nombre devienne nul, ce qui signifie que tous les chiffres ont été traités et que la somme totale a été calculée.

Lorsque vous exécutez l'exemple avec nombre = 12345, vous obtiendrez le résultat suivant :

La somme des chiffres de 12345 est 15.

Ce problème est couramment utilisé en informatique pour effectuer des calculs basés sur les chiffres d'un nombre, tels que la vérification de la validité d'un numéro de carte de crédit ou d'un numéro de sécurité sociale.

15. Calcul du nombre de chiffres dans un nombre entier

Problème : Calcul du nombre de chiffres dans un nombre entier

Description : Vous devez écrire une fonction qui calcule le nombre de chiffres dans un nombre entier donné. Par exemple, pour le nombre 12345, il y a 5 chiffres.

Exemple en Python :

```python
def nombre_de_chiffres(nombre):
    if nombre == 0:
        return 1
    count = 0
    while nombre != 0:
        count += 1
        nombre //= 10
    return count

# Exemple d'utilisation
nombre = 12345
resultat = nombre_de_chiffres(nombre)
print(f"Le nombre de chiffres dans {nombre} est {resultat}.")
```

Solution : L'algorithme pour calculer le nombre de chiffres dans un nombre entier consiste à utiliser une boucle while pour diviser progressivement le nombre par 10 jusqu'à ce qu'il devienne nul. À chaque itération, on incrémente un compteur de chiffres. La boucle continue jusqu'à ce que le nombre devienne nul, ce qui signifie que tous les chiffres ont été comptés.

Il y a une exception pour le nombre zéro, où le résultat est 1, car zéro lui-même est un chiffre.

Lorsque vous exécutez l'exemple avec nombre = 12345, vous obtiendrez le résultat suivant :

Le nombre de chiffres dans 12345 est 5.

Ce problème est couramment utilisé en informatique pour effectuer des opérations basées sur la longueur ou la structure d'un nombre, par exemple pour formater des nombres ou extraire des parties spécifiques d'un nombre.

16. Recherche du minimum ou du maximum dans un tableau

Problème : Recherche du minimum ou du maximum

dans un tableau

Description : Vous devez écrire deux fonctions distinctes : une pour trouver le minimum et une pour trouver le maximum dans un tableau donné d'entiers.

Exemple en Python :

```python
def trouver_minimum(tableau):
    if not tableau:
        raise ValueError("Le tableau est vide.")

    minimum = tableau[0]
    for element in tableau:
        if element < minimum:
            minimum = element
    return minimum

def trouver_maximum(tableau):
    if not tableau:
        raise ValueError("Le tableau est vide.")

    maximum = tableau[0]
    for element in tableau:
        if element > maximum:
            maximum = element
    return maximum
```

```
# Exemple d'utilisation
arr = [64, 25, 12, 22, 11]
minimum = trouver_minimum(arr)
maximum = trouver_maximum(arr)
print(f"Le minimum dans le tableau est {minimum}.")
print(f"Le maximum dans le tableau est {maximum}.")
```

Solution : Pour trouver le minimum dans un tableau, nous initialisons une variable minimum avec la première valeur du tableau, puis nous parcourons le tableau en comparant chaque élément avec la valeur actuelle de minimum. Si un élément est trouvé plus petit que le minimum actuel, nous mettons à jour la valeur de minimum. La même approche est utilisée pour trouver le maximum, mais en comparant chaque élément avec le maximum actuel.

Les deux fonctions vérifient également si le tableau est vide pour éviter des erreurs potentielles.

Lorsque vous exécutez l'exemple avec le tableau [64, 25, 12, 22, 11], vous obtiendrez les résultats suivants :

Le minimum dans le tableau est 11.
Le maximum dans le tableau est 64.

Ces fonctions sont couramment utilisées pour trouver des valeurs extrêmes (minimum et maximum) dans un ensemble de données, ce qui est utile dans de nombreuses applications de traitement de données.

17. Inversion d'une chaîne de caractères

Problème : Inversion d'une chaîne de caractères

Description : Vous devez écrire une fonction qui prend une chaîne de caractères en entrée et renvoie une nouvelle chaîne de caractères qui est l'inversion de la chaîne d'origine. Par exemple, si la chaîne d'origine est "Hello", la chaîne inversée sera "olleH".

Exemple en Python :

```python
def inverser_chaine(chaine):
return chaine[::-1]

# Exemple d'utilisation
chaine = "Hello"
chaine_inverse = inverser_chaine(chaine)
print(f"Chaîne d'origine : {chaine}")
print(f"Chaîne inversée : {chaine_inverse}")
```

Solution : L'inversion d'une chaîne de caractères en Python est très simple. Nous utilisons la technique du découpage (slicing) en utilisant la notation [::-1]. Cela signifie que nous prenons tous les caractères de la chaîne, mais en commençant par la fin et en allant vers le début avec un pas de -1.

Lorsque vous exécutez l'exemple avec la chaîne
"Hello", vous obtiendrez le résultat suivant :

Chaîne d'origine : Hello
Chaîne inversée : olleH

Cette technique est efficace et simple pour inverser une
chaîne de caractères en Python. Elle est souvent utilisée
dans des applications de manipulation de chaînes de
caractères.

18. Vérification de palindromes

Problème : Vérification de palindromes

Description : Vous devez écrire une fonction qui vérifie
si une chaîne de caractères donnée est un palindrome.
Un palindrome est une séquence qui se lit de la même
manière de gauche à droite et de droite à gauche, en
ignorant les espaces, la casse (majuscules ou
minuscules) et la ponctuation. Par exemple, "racecar",
"A man, a plan, a canal, Panama!" et "Madam, in Eden,
I'm Adam." sont des palindromes.

Exemple en Python :

```python
def est_palindrome(chaine):
    # Nettoyer la chaîne (ignorer espaces, casse et
    ponctuation)
    chaine = ''.join(e.lower() for e in chaine if e.isalnum())

    # Comparer la chaîne avec son inverse
    return chaine == chaine[::-1]

# Exemple d'utilisation
chaine1 = "racecar"
chaine2 = "A man, a plan, a canal, Panama!"
chaine3 = "Hello, World!"

resultat1 = est_palindrome(chaine1)
resultat2 = est_palindrome(chaine2)
resultat3 = est_palindrome(chaine3)

print(f"'{chaine1}' est un palindrome : {resultat1}")
print(f"'{chaine2}' est un palindrome : {resultat2}")
print(f"'{chaine3}' est un palindrome : {resultat3}")
```

Solution : L'algorithme pour vérifier si une chaîne de caractères est un palindrome commence par nettoyer la chaîne en ignorant les espaces, la casse et la ponctuation. Ensuite, il compare la chaîne nettoyée avec son inverse (calculé en utilisant le découpage [::-1]) pour déterminer si elle est un palindrome.

Dans l'exemple ci-dessus, nous utilisons une

compréhension de liste pour nettoyer la chaîne en la convertissant en minuscules (lower()) et en ne conservant que les caractères alphanumériques (isalnum()).

Lorsque vous exécutez l'exemple, vous obtiendrez le résultat suivant :

```
'racecar' est un palindrome : True
'A man, a plan, a canal, Panama!' est un palindrome :
True
'Hello, World!' est un palindrome : False
```

Cette méthode permet de vérifier si une chaîne donnée est un palindrome en ignorant les détails mineurs comme la casse et la ponctuation. Elle est couramment utilisée pour vérifier la palindromie de mots, de phrases ou de séquences de caractères.

19. Comptage des voyelles dans une chaîne de caractères

Problème : Comptage des voyelles dans une chaîne de caractères

Description : Vous devez écrire une fonction qui compte le nombre de voyelles (lettres A, E, I, O, U)

dans une chaîne de caractères donnée, en ignorant la casse (majuscules ou minuscules). Par exemple, pour la chaîne "Hello World", il y a 3 voyelles (E, O, O).

Exemple en Python :

```
def compter_voyelles(chaine):
voyelles = "AEIOUaeiou"
compteur = 0
for caractere in chaine:
if caractere in voyelles:
compteur += 1
return compteur

# Exemple d'utilisation
chaine = "Hello World"
resultat = compter_voyelles(chaine)
print(f"La chaîne '{chaine}' contient {resultat} voyelles.")
```

Solution : L'algorithme pour compter les voyelles dans une chaîne de caractères commence par définir une liste de caractères de voyelles (majuscules et minuscules). Ensuite, il utilise une boucle for pour parcourir chaque caractère de la chaîne donnée et vérifie si ce caractère est présent dans la liste des voyelles. Si c'est le cas, le compteur est incrémenté.

Dans l'exemple ci-dessus, nous ignorons la casse en incluant les voyelles en majuscules et en minuscules dans la liste.

Lorsque vous exécutez l'exemple avec la chaîne "Hello World", vous obtiendrez le résultat suivant :

La chaîne 'Hello World' contient 3 voyelles.

Ce problème est couramment utilisé pour effectuer des analyses de texte et de chaînes de caractères, notamment dans le traitement automatique du langage naturel (NLP) et la recherche d'informations.

20. Calcul de la moyenne d'un tableau de nombres

Problème : Calcul de la moyenne d'un tableau de nombres

Description : Vous devez écrire une fonction qui calcule la moyenne des nombres d'un tableau donné. La moyenne est calculée en ajoutant tous les nombres du tableau et en divisant le total par le nombre de nombres dans le tableau.

Exemple en Python :

```python
def calculer_moyenne(tableau):
    if not tableau:
```

```python
    return 0.0 # Si le tableau est vide, la moyenne est 0.0

    somme = sum(tableau)
    nombre_d_elements = len(tableau)
    moyenne = somme / nombre_d_elements
    return moyenne

# Exemple d'utilisation
tableau = [10, 20, 30, 40, 50]
moyenne = calculer_moyenne(tableau)
print(f"La moyenne des nombres dans le tableau est {moyenne}.")
```

Solution : L'algorithme pour calculer la moyenne d'un tableau de nombres commence par la somme de tous les éléments du tableau en utilisant la fonction sum(). Ensuite, il compte le nombre d'éléments dans le tableau en utilisant la fonction len(). Enfin, il divise la somme par le nombre d'éléments pour calculer la moyenne.

Si le tableau est vide, la fonction retourne 0.0 pour éviter toute division par zéro.
Lorsque vous exécutez l'exemple avec le tableau [10, 20, 30, 40, 50], vous obtiendrez le résultat suivant :

La moyenne des nombres dans le tableau est 30.0.

Le calcul de la moyenne est couramment utilisé dans divers domaines, notamment en statistiques, en analyse

de données et dans de nombreuses applications
mathématiques et scientifiques.

21. Recherche de la médiane dans un tableau non trié

Rechercher la médiane dans un tableau non trié peut
être un peu plus complexe que dans un tableau trié, car
vous devez d'abord trier le tableau ou utiliser une
approche de sélection pour trouver l'élément médian.
Voici un exemple de recherche de la médiane dans un
tableau non trié en utilisant une approche de sélection
en Python :

```python
def trouver_mediane(tableau):
n = len(tableau)

if n % 2 == 0:
# Si le tableau a un nombre pair d'éléments, la médiane
est la moyenne des deux éléments du milieu
indice1 = n // 2
indice2 = indice1 - 1
mediane = (tableau[indice1] + tableau[indice2]) / 2
else:
# Si le tableau a un nombre impair d'éléments, la
médiane est simplement l'élément du milieu
indice = n // 2
mediane = tableau[indice]
```

```
return mediane

# Exemple d'utilisation
tableau = [12, 4, 7, 9, 2, 23, 16]
mediane = trouver_mediane(tableau)
print(f"La médiane du tableau est {mediane}.")
```

Solution : L'algorithme pour trouver la médiane d'un tableau non trié commence par vérifier si le nombre d'éléments dans le tableau est pair ou impair. Si le nombre est pair, nous calculons la moyenne des deux éléments du milieu pour obtenir la médiane. Si le nombre est impair, la médiane est simplement l'élément du milieu.

Dans l'exemple ci-dessus, le tableau [12, 4, 7, 9, 2, 23, 16] a 7 éléments, de sorte que la médiane est calculée comme la moyenne des deux éléments du milieu (7 et 9), ce qui donne une médiane de 8.0.

Il est important de noter que cette approche n'ordonne pas le tableau, ce qui signifie que l'ordre initial des éléments est préservé. Cependant, elle peut être moins efficace que le tri si vous prévoyez de rechercher fréquemment la médiane dans le même tableau. Dans ce cas, il serait plus efficace de trier le tableau une fois et de rechercher ensuite la médiane rapidement.

22. Vérification de l'unicité des éléments dans un tableau

Problème : Vérification de l'unicité des éléments dans un tableau

Description : Vous devez écrire une fonction qui vérifie si tous les éléments d'un tableau donné sont uniques, c'est-à-dire qu'aucun élément n'apparaît plus d'une fois dans le tableau.

Exemple en Python :

```python
def sont_uniques(tableau):
    ensemble = set()
    for element in tableau:
        if element in ensemble:
            return False
        ensemble.add(element)
    return True

# Exemple d'utilisation
tableau1 = [1, 2, 3, 4, 5]
tableau2 = [1, 2, 3, 3, 4, 5]
resultat1 = sont_uniques(tableau1)
resultat2 = sont_uniques(tableau2)
```

```python
print(f"Les éléments du tableau 1 sont uniques :
{resultat1}")
print(f"Les éléments du tableau 2 sont uniques :
{resultat2}")
```

Solution : L'algorithme pour vérifier l'unicité des éléments dans un tableau consiste à utiliser un ensemble (set) pour stocker les éléments déjà rencontrés. À chaque itération, nous vérifions si l'élément en cours est déjà présent dans l'ensemble. Si c'est le cas, cela signifie que l'élément est en double, et nous retournons False. Sinon, nous ajoutons l'élément à l'ensemble.

Si la boucle se termine sans trouver de doublons, cela signifie que tous les éléments sont uniques, et nous retournons True.

Lorsque vous exécutez l'exemple avec les tableaux [1, 2, 3, 4, 5] et [1, 2, 3, 3, 4, 5], vous obtiendrez le résultat suivant :

```
Les éléments du tableau 1 sont uniques : True
Les éléments du tableau 2 sont uniques : False
```

Cette approche est efficace pour vérifier l'unicité des éléments dans un tableau et est couramment utilisée pour effectuer des opérations de déduplication ou pour s'assurer que les données sont uniques dans une collection.

23. Rotation d'une chaîne de caractères

Problème : Rotation d'une chaîne de caractères

Description : Vous devez écrire une fonction qui effectue une rotation d'une chaîne de caractères donnée. La rotation consiste à déplacer un certain nombre de caractères d'une extrémité de la chaîne vers l'autre. Par exemple, en faisant une rotation de 3 caractères à droite de la chaîne "abcdef", vous obtenez la chaîne "defabc".

Exemple en Python :

```python
def rotation_chaine(chaine, rotation):
n = len(chaine)
rotation = rotation % n # Assurez-vous que la rotation
est dans la plage valide

chaine_rot = chaine[-rotation:] + chaine[:-rotation]
return chaine_rot

# Exemple d'utilisation
chaine = "abcdef"
rotation = 3
chaine_rot = rotation_chaine(chaine, rotation)
print(f"Chaîne d'origine : {chaine}")
print(f"Chaîne après rotation de {rotation} caractères :
{chaine_rot}")
```

Solution : L'algorithme pour effectuer une rotation d'une chaîne de caractères commence par calculer la longueur de la chaîne. Ensuite, il assure que la valeur de la rotation est dans la plage valide en utilisant l'opérateur modulo (%) pour obtenir le reste de la division de la rotation par la longueur de la chaîne. Cela permet de gérer les rotations qui dépassent la longueur de la chaîne.

Ensuite, la chaîne est divisée en deux parties : la première partie est composée des caractères déplacés à la fin de la chaîne (obtenus en prenant les rotation derniers caractères de la chaîne), et la deuxième partie est composée des caractères restants (obtenus en prenant les caractères de la chaîne du début jusqu'au rotation - 1-ième caractère). Ces deux parties sont ensuite concaténées pour obtenir la chaîne résultante après rotation.

Lorsque vous exécutez l'exemple avec la chaîne "abcdef" et une rotation de 3 caractères, vous obtiendrez le résultat suivant :

Chaîne d'origine : abcdef
Chaîne après rotation de 3 caractères : defabc

Cette technique est utile pour effectuer des opérations de décalage de caractères dans des chaînes, par exemple dans le chiffrement ou la manipulation de chaînes de caractères circulaires.

24. Fusion de deux tableaux triés

Problème : Fusion de deux tableaux triés

Description : Vous devez écrire une fonction qui fusionne deux tableaux triés en un seul tableau trié. La fusion consiste à combiner les éléments des deux tableaux tout en maintenant l'ordre trié. Par exemple, si vous avez deux tableaux [1, 3, 5] et [2, 4, 6], la fusion donnera [1, 2, 3, 4, 5, 6].

Exemple en Python :

```python
def fusionner_tableaux(tableau1, tableau2):
resultat = []
i, j = 0, 0

while i < len(tableau1) and j < len(tableau2):
if tableau1[i] < tableau2[j]:
resultat.append(tableau1[i])
i += 1
else:
resultat.append(tableau2[j])
j += 1

resultat.extend(tableau1[i:])
```

```python
        resultat.extend(tableau2[j:])

    return resultat

# Exemple d'utilisation
tableau1 = [1, 3, 5]
tableau2 = [2, 4, 6]
resultat_fusion = fusionner_tableaux(tableau1,
tableau2)
print(f"Tableau fusionné : {resultat_fusion}")
```

Solution : L'algorithme pour fusionner deux tableaux triés commence par initialiser un tableau vide resultat qui va contenir le résultat de la fusion. Ensuite, deux indices i et j sont utilisés pour parcourir les deux tableaux tableau1 et tableau2.

À chaque étape, nous comparons les éléments actuels à tableau1[i] et tableau2[j]. Si tableau1[i] est inférieur à tableau2[j], nous ajoutons tableau1[i] à resultat et incrémentons i. Sinon, nous ajoutons tableau2[j] à resultat et incrémentons j.

Le processus continue tant que les indices i et j sont inférieurs à la longueur respective des tableaux tableau1 et tableau2. Ensuite, nous ajoutons les éléments restants des deux tableaux à resultat en utilisant extend().

Lorsque vous exécutez l'exemple avec les tableaux [1,

3, 5] et [2, 4, 6], vous obtiendrez le résultat suivant :

Tableau fusionné : [1, 2, 3, 4, 5, 6]

La fusion de deux tableaux triés est couramment utilisée dans le tri fusion (merge sort) et d'autres algorithmes de traitement de données. Cela permet de combiner efficacement deux ensembles de données triées tout en préservant l'ordre.

25. Calcul de la somme cumulée d'un tableau

Problème : Calcul de la somme cumulée d'un tableau

Description : Vous devez écrire une fonction qui prend un tableau d'entiers en entrée et renvoie un nouveau tableau où chaque élément est la somme cumulée des éléments correspondants du tableau d'entrée. Par exemple, si le tableau d'entrée est [1, 2, 3, 4], le tableau de somme cumulée sera [1, 3, 6, 10].

Exemple en Python :

```
def somme_cumulee(tableau):
somme = 0
somme_cumulee = []
```

```
for element in tableau:
    somme += element
    somme_cumulee.append(somme)

return somme_cumulee

# Exemple d'utilisation
tableau = [1, 2, 3, 4]
resultat_somme_cumulee = somme_cumulee(tableau)
print(f"Tableau d'origine : {tableau}")
print(f"Tableau de somme cumulée :
{resultat_somme_cumulee}")
```

Solution : L'algorithme pour calculer la somme cumulée d'un tableau commence par initialiser une variable somme à zéro et un tableau vide somme_cumulee qui stockera les résultats. Ensuite, il parcourt chaque élément du tableau d'entrée en ajoutant l'élément actuel à la variable somme et en ajoutant la valeur actuelle de somme au tableau somme_cumulee.

Lorsque vous exécutez l'exemple avec le tableau [1, 2, 3, 4], vous obtiendrez le résultat suivant :

```
Tableau d'origine : [1, 2, 3, 4]
Tableau de somme cumulée : [1, 3, 6, 10]
```

Le tableau de somme cumulée est souvent utilisé pour

analyser des données ou suivre l'évolution cumulative de valeurs au fil du temps, par exemple dans des séries chronologiques ou des statistiques de progression.

26. Conversion d'un nombre décimal en binaire

Problème : Conversion d'un nombre décimal en binaire

Description : Vous devez écrire une fonction qui prend un nombre décimal en entrée et renvoie sa représentation en binaire sous forme de chaîne de caractères. Par exemple, si le nombre décimal est 10, la représentation binaire sera "1010".

Exemple en Python :

```python
def decimal_en_binaire(decimal):
if decimal == 0:
return "0"

binaire = ""

while decimal > 0:
reste = decimal % 2
binaire = str(reste) + binaire
decimal = decimal // 2
```

```
    return binaire

# Exemple d'utilisation
nombre_decimal = 10
nombre_binaire =
decimal_en_binaire(nombre_decimal)
print(f"Le nombre décimal {nombre_decimal} en
binaire est {nombre_binaire}.")
```

Solution : L'algorithme pour convertir un nombre
décimal en binaire commence par initialiser une chaîne
vide binaire qui stockera la représentation binaire
finale. Ensuite, il utilise une boucle while pour diviser
le nombre décimal par 2 à chaque itération. Le reste de
la division (0 ou 1) est ajouté à la chaîne binaire. Le
nombre décimal est ensuite divisé par 2 avec une
division entière (//) pour obtenir le quotient de la
division.

Le processus continue jusqu'à ce que le nombre décimal
devienne 0. À ce stade, la chaîne binaire contient la
représentation binaire du nombre.

Lorsque vous exécutez l'exemple avec le nombre
décimal 10, vous obtiendrez le résultat suivant :

Le nombre décimal 10 en binaire est 1010.

La conversion de nombres décimaux en binaire est une

opération courante en informatique, en particulier pour représenter des données en langage machine. Cette représentation binaire est également utilisée dans divers domaines tels que la programmation bas niveau et les opérations de manipulation de bits.

27. Recherche de sous-chaînes dans une chaîne de caractères

Problème : Recherche de sous-chaînes dans une chaîne de caractères

Description : Vous devez écrire une fonction qui recherche toutes les occurrences d'une sous-chaîne donnée dans une chaîne de caractères donnée et renvoie les indices de début de chaque occurrence. Par exemple, si la chaîne est "abracadabra" et la sous-chaîne est "abra", les indices de début des occurrences sont 0 et 7.

Exemple en Python :

```
def trouver_occurrences(chaine, sous_chaine):
occurrences = []
longueur_chaine = len(chaine)
longueur_sous_chaine = len(sous_chaine)

for i in range(longueur_chaine - longueur_sous_chaine + 1):
```

```
if chaine[i:i + longueur_sous_chaine] == sous_chaine:
    occurrences.append(i)

return occurrences

# Exemple d'utilisation
chaine = "abracadabra"
sous_chaine = "abra"
resultat_occurrences = trouver_occurrences(chaine,
sous_chaine)
print(f"La sous-chaîne '{sous_chaine}' apparaît aux
indices : {resultat_occurrences}")
```

Solution : L'algorithme pour trouver toutes les occurrences d'une sous-chaîne dans une chaîne commence par initialiser une liste vide occurrences qui stockera les indices de début de chaque occurrence. Ensuite, il parcourt la chaîne d'origine en utilisant une boucle for jusqu'à un indice qui permet de rester à l'intérieur de la chaîne en vérifiant si une sous-chaîne de même longueur que la sous-chaîne recherchée correspond à la sous-chaîne elle-même. Si c'est le cas, l'indice de début de l'occurrence est ajouté à la liste occurrences.

Lorsque vous exécutez l'exemple avec la chaîne "abracadabra" et la sous-chaîne "abra", vous obtiendrez le résultat suivant :

La sous-chaîne 'abra' apparaît aux indices : [0, 7]

Cette technique est couramment utilisée pour rechercher des mots, des phrases ou des motifs spécifiques dans des chaînes de caractères, ce qui est essentiel dans de nombreuses applications de traitement de texte et de manipulation de données.

28. Calcul de l'intersection de deux ensembles

Problème : Calcul de l'intersection de deux ensembles

Description : Vous devez écrire une fonction qui prend deux ensembles (ensembles en Python) en entrée et renvoie un nouvel ensemble contenant les éléments qui sont présents dans les deux ensembles d'origine. Par exemple, si le premier ensemble est {1, 2, 3, 4} et le deuxième ensemble est {3, 4, 5, 6}, l'intersection est {3, 4}.

Exemple en Python :

```
def intersection_ensembles(ensemble1, ensemble2):
intersection = ensemble1.intersection(ensemble2)
return intersection
```

```
# Exemple d'utilisation
ensemble1 = {1, 2, 3, 4}
ensemble2 = {3, 4, 5, 6}
resultat_intersection =
intersection_ensembles(ensemble1, ensemble2)
print(f"Intersection des ensembles :
{resultat_intersection}")
```

Solution : En Python, l'intersection de deux ensembles peut être facilement calculée en utilisant la méthode intersection() qui retourne un nouvel ensemble contenant les éléments communs aux deux ensembles d'origine.

Lorsque vous exécutez l'exemple avec les ensembles {1, 2, 3, 4} et {3, 4, 5, 6}, vous obtiendrez le résultat suivant :

Intersection des ensembles : {3, 4}

Cette approche est efficace pour trouver les éléments communs à deux ensembles et est couramment utilisée dans des opérations de comparaison et de filtrage de données.

29. Calcul de l'union de deux ensembles

Problème : Calcul de l'union de deux ensembles

Description : Vous devez écrire une fonction qui prend deux ensembles (ensembles en Python) en entrée et renvoie un nouvel ensemble contenant tous les éléments présents dans au moins l'un des deux ensembles d'origine. Par exemple, si le premier ensemble est {1, 2, 3, 4} et le deuxième ensemble est {3, 4, 5, 6}, l'union est {1, 2, 3, 4, 5, 6}.

Exemple en Python :

```python
def union_ensembles(ensemble1, ensemble2):
union = ensemble1.union(ensemble2)
return union

# Exemple d'utilisation
ensemble1 = {1, 2, 3, 4}
ensemble2 = {3, 4, 5, 6}
resultat_union = union_ensembles(ensemble1,
ensemble2)
print(f"Union des ensembles : {resultat_union}")
```

Solution : En Python, l'union de deux ensembles peut être facilement calculée en utilisant la méthode union() qui retourne un nouvel ensemble contenant tous les éléments présents dans au moins l'un des ensembles d'origine.

Lorsque vous exécutez l'exemple avec les ensembles

{1, 2, 3, 4} et {3, 4, 5, 6}, vous obtiendrez le résultat suivant :

Union des ensembles : {1, 2, 3, 4, 5, 6}

Cette approche est efficace pour regrouper tous les éléments uniques de deux ensembles en un seul ensemble, ce qui est couramment utilisé dans des opérations de fusion ou d'agrégation de données.

30. Calcul de la différence de deux ensembles

Problème : Calcul de la différence de deux ensembles

Description : Vous devez écrire une fonction qui prend deux ensembles (ensembles en Python) en entrée et renvoie un nouvel ensemble contenant les éléments présents dans le premier ensemble, mais pas dans le deuxième ensemble. Par exemple, si le premier ensemble est {1, 2, 3, 4} et le deuxième ensemble est {3, 4, 5, 6}, la différence est {1, 2}.

Exemple en Python :

```python
def difference_ensembles(ensemble1, ensemble2):
    difference = ensemble1.difference(ensemble2)
    return difference
```

```
# Exemple d'utilisation
ensemble1 = {1, 2, 3, 4}
ensemble2 = {3, 4, 5, 6}
resultat_difference = difference_ensembles(ensemble1,
ensemble2)
print(f"Différence des ensembles :
{resultat_difference}")
```

Solution : En Python, la différence de deux ensembles peut être facilement calculée en utilisant la méthode difference() qui retourne un nouvel ensemble contenant les éléments présents dans le premier ensemble, mais pas dans le deuxième ensemble.

Lorsque vous exécutez l'exemple avec les ensembles {1, 2, 3, 4} et {3, 4, 5, 6}, vous obtiendrez le résultat suivant :

Différence des ensembles : {1, 2}

Cette approche est efficace pour trouver les éléments qui sont présents dans un ensemble mais absents dans un autre, ce qui est couramment utilisé dans des opérations de filtrage ou de suppression de données.

31. Calcul du complément d'un ensemble

Problème : Calcul du complément d'un ensemble

Description : Vous devez écrire une fonction qui prend deux ensembles (ensembles en Python) en entrée et renvoie un nouvel ensemble contenant les éléments présents dans le premier ensemble, mais absents dans le deuxième ensemble. En d'autres termes, vous devez calculer l'ensemble complémentaire du deuxième ensemble par rapport au premier ensemble. Par exemple, si le premier ensemble est {1, 2, 3, 4} et le deuxième ensemble est {3, 4, 5, 6}, le complément est {1, 2}.

Exemple en Python :

```python
def complement_ensemble(ensemble1, ensemble2):
complement = ensemble1.difference(ensemble2)
return complement

# Exemple d'utilisation
ensemble1 = {1, 2, 3, 4}
ensemble2 = {3, 4, 5, 6}
resultat_complement =
complement_ensemble(ensemble1, ensemble2)
print(f"Complément de l'ensemble :
{resultat_complement}")
```

Solution : En Python, le calcul du complément de deux ensembles peut être effectué en utilisant la méthode difference() qui retourne un nouvel ensemble contenant les éléments présents dans le premier ensemble, mais absents dans le deuxième ensemble.

Lorsque vous exécutez l'exemple avec les ensembles {1, 2, 3, 4} et {3, 4, 5, 6}, vous obtiendrez le résultat suivant :

Complément de l'ensemble : {1, 2}

Cette approche est utile pour trouver les éléments qui sont inclus dans un ensemble mais non inclus dans un autre, ce qui peut être nécessaire dans diverses opérations de filtrage ou de comparaison de données.

32. Tri topologique d'un graphe dirigé

Le tri topologique est un algorithme utilisé pour ordonner les nœuds d'un graphe dirigé acyclique (DAG) de telle manière que si un nœud A est relié à un nœud B par une arête, alors A apparaît avant B dans l'ordre. Voici un exemple de tri topologique d'un graphe dirigé et sa solution en Python :

Problème : Tri topologique d'un graphe dirigé

Description : Vous devez écrire une fonction qui prend en entrée un graphe dirigé acyclique (représenté sous forme d'un dictionnaire où chaque nœud est associé à une liste de ses nœuds adjacents) et renvoie un ordre topologique valide des nœuds.

Exemple en Python :

```python
from collections import defaultdict, deque

def tri_topologique(graphe):
    indegree = defaultdict(int)
    ordre_topologique = []

    # Calculer le degré d'entrée de chaque nœud
    for nœud, voisins in graphe.items():
        for voisin in voisins:
            indegree[voisin] += 1

    # Initialiser la file des nœuds sans prédécesseurs
    file_sans_predecesseur = deque([nœud for nœud in graphe if indegree[nœud] == 0])

    # Parcourir le graphe
    while file_sans_predecesseur:
        nœud = file_sans_predecesseur.popleft()
        ordre_topologique.append(nœud)

        # Réduire le degré d'entrée de ses voisins
        for voisin in graphe[nœud]:
            indegree[voisin] -= 1
            if indegree[voisin] == 0:
```

```python
        file_sans_predecesseur.append(voisin)

    return ordre_topologique

# Exemple d'utilisation
graphe = {
'A': ['B', 'C'],
'B': ['D', 'E'],
'C': ['E'],
'D': [],
'E': []
}

resultat_tri_topologique = tri_topologique(graphe)
print(f"Ordre topologique : {resultat_tri_topologique}")
```

Solution : L'algorithme du tri topologique commence par calculer le degré d'entrée de chaque nœud en parcourant le graphe. Ensuite, il initialise une file (deque) contenant tous les nœuds sans prédécesseurs (ceux ayant un degré d'entrée de zéro).

Le processus principal consiste à retirer un nœud sans prédécesseur de la file, à l'ajouter à l'ordre topologique et à réduire le degré d'entrée de ses voisins. Si le degré d'entrée d'un voisin devient zéro, ce voisin est ajouté à la file.

Le processus se répète jusqu'à ce que tous les nœuds

aient été ajoutés à l'ordre topologique. L'ordre topologique ainsi obtenu est une séquence valide qui respecte les dépendances entre les nœuds du graphe.

Lorsque vous exécutez l'exemple avec le graphe donné, vous obtiendrez le résultat suivant :

Ordre topologique : ['A', 'C', 'B', 'E', 'D']

Cet ordre topologique indique que vous devez suivre ces étapes dans l'ordre pour respecter les dépendances entre les nœuds du graphe.

33. Parcours en profondeur (DFS) d'un graphe

Le parcours en profondeur (Depth-First Search, DFS) est un algorithme utilisé pour explorer ou parcourir un graphe, en commençant par un nœud de départ, en explorant autant que possible le long d'une branche avant de revenir en arrière. Voici un exemple de parcours en profondeur d'un graphe et sa solution en Python :

Problème : Parcours en profondeur (DFS) d'un graphe

Description : Vous devez écrire une fonction qui réalise un parcours en profondeur d'un graphe dirigé ou non dirigé et renvoie l'ordre dans lequel les nœuds ont été visités.

Exemple en Python :

```python
from collections import defaultdict

class Graph:
    def __init__(self):
        self.graph = defaultdict(list)

    def ajouter_arete(self, u, v):
        self.graph[u].append(v)

    def dfs_recursif(self, nœud, visite):
        visite.append(nœud)

        for voisin in self.graph[nœud]:
            if voisin not in visite:
                self.dfs_recursif(voisin, visite)

    def dfs(self, nœud_depart):
        visite = []
        self.dfs_recursif(nœud_depart, visite)
        return visite

# Exemple d'utilisation
graphe = Graph()
graphe.ajouter_arete(0, 1)
```

```
graphe.ajouter_arete(0, 2)
graphe.ajouter_arete(1, 2)
graphe.ajouter_arete(2, 0)
graphe.ajouter_arete(2, 3)
graphe.ajouter_arete(3, 3)

nœud_depart = 2
resultat_dfs = graphe.dfs(nœud_depart)
print(f"Parcours en profondeur à partir du nœud
{nœud_depart}: {resultat_dfs}")
```

Solution : Dans cet exemple, nous utilisons une classe
Graph pour représenter le graphe sous forme d'un
dictionnaire de listes d'adjacence. La méthode
ajouter_arete() permet d'ajouter des arêtes au graphe.

Le parcours en profondeur est implémenté à l'aide d'une
fonction récursive dfs_recursif(). Cette fonction prend
un nœud de départ et une liste visite pour suivre l'ordre
des nœuds visités. Elle commence par ajouter le nœud
de départ à la liste visite, puis explore récursivement
tous les voisins du nœud de départ qui n'ont pas encore
été visités.

La méthode dfs() permet de lancer le parcours en
profondeur à partir d'un nœud de départ donné. Elle
initialise la liste visite et appelle la fonction récursive
dfs_recursif() pour effectuer le parcours.

Lorsque vous exécutez l'exemple avec le graphe donné et le nœud de départ 2, vous obtiendrez le résultat suivant :

Parcours en profondeur à partir du nœud 2: [2, 0, 1, 3]

Cet ordre de parcours en profondeur dépend du nœud de départ, mais il explore chaque branche du graphe aussi loin que possible avant de revenir en arrière pour explorer d'autres branches. Le résultat obtenu représente l'ordre dans lequel les nœuds ont été visités.

34. Parcours en largeur (BFS) d'un graphe

Le parcours en largeur (Breadth-First Search, BFS) est un algorithme utilisé pour explorer ou parcourir un graphe, en commençant par un nœud de départ, en explorant tous ses voisins avant de passer aux voisins de ses voisins. Voici un exemple de parcours en largeur d'un graphe et sa solution en Python :

Problème : Parcours en largeur (BFS) d'un graphe

Description : Vous devez écrire une fonction qui réalise un parcours en largeur d'un graphe dirigé ou non dirigé à partir d'un nœud de départ donné et renvoie l'ordre dans lequel les nœuds ont été visités.

Exemple en Python :

```python
from collections import defaultdict, deque

class Graph:
def __init__(self):
self.graph = defaultdict(list)

def ajouter_arete(self, u, v):
self.graph[u].append(v)

def bfs(self, nœud_depart):
visite = []
file = deque([nœud_depart])
visite.append(nœud_depart)

while file:
nœud = file.popleft()

for voisin in self.graph[nœud]:
if voisin not in visite:
visite.append(voisin)
file.append(voisin)

return visite

# Exemple d'utilisation
graphe = Graph()
graphe.ajouter_arete(0, 1)
```

```
graphe.ajouter_arete(0, 2)
graphe.ajouter_arete(1, 2)
graphe.ajouter_arete(2, 0)
graphe.ajouter_arete(2, 3)
graphe.ajouter_arete(3, 3)

nœud_depart = 2
resultat_bfs = graphe.bfs(nœud_depart)
print(f"Parcours en largeur à partir du nœud
{nœud_depart}: {resultat_bfs}")
```

Solution : Dans cet exemple, nous utilisons une classe Graph pour représenter le graphe sous forme d'un dictionnaire de listes d'adjacence. La méthode ajouter_arete() permet d'ajouter des arêtes au graphe.

Le parcours en largeur est implémenté à l'aide d'une file (deque) pour gérer les nœuds à explorer. Nous commençons par ajouter le nœud de départ à la file et à la liste visite. Ensuite, nous bouclons tant que la file n'est pas vide. À chaque étape, nous retirons un nœud de la file, explorons ses voisins non visités et les ajoutons à la file et à la liste visite.

Le parcours en largeur garantit que nous explorons d'abord tous les voisins du nœud de départ, puis tous les voisins de ces voisins, et ainsi de suite, avant de revenir en arrière.

Lorsque vous exécutez l'exemple avec le graphe donné et le nœud de départ 2, vous obtiendrez le résultat suivant :

Parcours en largeur à partir du nœud 2: [2, 0, 3, 1]

Cet ordre de parcours en largeur explore chaque niveau du graphe avant de passer au niveau suivant, ce qui signifie que les voisins directs du nœud de départ sont explorés en premier, suivis de leurs voisins, et ainsi de suite. Le résultat obtenu représente l'ordre dans lequel les nœuds ont été visités.

35. Algorithme de Dijkstra pour le plus court chemin

L'algorithme de Dijkstra est utilisé pour trouver le plus court chemin entre un nœud de départ et tous les autres nœuds d'un graphe pondéré (positif) dirigé ou non dirigé. Voici un exemple de l'algorithme de Dijkstra et sa solution en Python :

Problème : Algorithme de Dijkstra pour le plus court chemin

Description : Vous devez écrire une fonction qui applique l'algorithme de Dijkstra pour trouver le plus court chemin entre un nœud de départ donné et tous les autres nœuds d'un graphe pondéré.

Exemple en Python :

```python
import heapq

class Graph:
    def __init__(self):
        self.graph = {}

    def ajouter_arete(self, u, v, poids):
        if u not in self.graph:
            self.graph[u] = []
        self.graph[u].append((v, poids))

    def dijkstra(self, nœud_depart):
        distance = {nœud: float('inf') for nœud in self.graph}
        distance[nœud_depart] = 0
        file_priorite = [(0, nœud_depart)]

        while file_priorite:
            (dist_actuelle, nœud_actuel) = heapq.heappop(file_priorite)

            for (voisin, poids) in self.graph[nœud_actuel]:
                dist_nouvelle = dist_actuelle + poids
                if dist_nouvelle < distance[voisin]:
                    distance[voisin] = dist_nouvelle
                    heapq.heappush(file_priorite, (dist_nouvelle, voisin))
```

```
return distance

# Exemple d'utilisation
graphe = Graph()
graphe.ajouter_arete('A', 'B', 1)
graphe.ajouter_arete('A', 'C', 4)
graphe.ajouter_arete('B', 'C', 2)
graphe.ajouter_arete('B', 'D', 5)
graphe.ajouter_arete('C', 'D', 1)
graphe.ajouter_arete('D', 'E', 7)
graphe.ajouter_arete('E', 'A', 3)

nœud_depart = 'A'
resultat_dijkstra = graphe.dijkstra(nœud_depart)
print(f"Plus court chemin depuis le nœud
{nœud_depart}: {resultat_dijkstra}")
```

Solution : Dans cet exemple, nous utilisons une classe
Graph pour représenter le graphe sous forme d'un
dictionnaire de listes d'adjacence, où chaque arête est
associée à un poids. La méthode ajouter_arete() permet
d'ajouter des arêtes au graphe avec leur poids respectif.

L'algorithme de Dijkstra est implémenté avec une file
de priorité (heap) pour gérer les nœuds à explorer. Nous
initialisons un dictionnaire distance pour suivre la
distance la plus courte connue depuis le nœud de départ
vers chaque autre nœud. Initialement, toutes les

distances sont définies sur "infini" sauf la distance du nœud de départ, qui est mise à zéro.

L'algorithme parcourt les nœuds en fonction de leur distance actuelle depuis le nœud de départ. Pour chaque nœud visité, il explore ses voisins et met à jour la distance si un chemin plus court est trouvé. Les nœuds sont ajoutés à la file de priorité en fonction de leur distance actuelle.

Lorsque vous exécutez l'exemple avec le graphe donné et le nœud de départ 'A', vous obtiendrez le résultat suivant :

Plus court chemin depuis le nœud A: {'A': 0, 'B': 1, 'C': 3, 'D': 4, 'E': 7}

Ce résultat indique les distances les plus courtes depuis le nœud de départ 'A' vers tous les autres nœuds du graphe. C'est utile pour trouver le plus court chemin entre le nœud de départ et n'importe quel autre nœud dans le graphe pondéré.

36. Algorithme de Bellman-Ford pour le plus court chemin

L'algorithme de Bellman-Ford est utilisé pour trouver le plus court chemin entre un nœud de départ et tous les autres nœuds d'un graphe, même lorsque des arêtes avec des poids négatifs sont présentes. Voici un exemple de l'algorithme de Bellman-Ford et sa solution en Python :

Problème : Algorithme de Bellman-Ford pour le plus court chemin

Description : Vous devez écrire une fonction qui applique l'algorithme de Bellman-Ford pour trouver le plus court chemin entre un nœud de départ donné et tous les autres nœuds d'un graphe, même si des arêtes avec des poids négatifs sont présentes.

Exemple en Python :

```python
class Graph:
def __init__(self):
self.graph = []

def ajouter_arete(self, u, v, poids):
self.graph.append((u, v, poids))

def bellman_ford(self, nœud_depart):
distance = {nœud: float('inf') for nœud in self.graph}
distance[nœud_depart] = 0

for _ in range(len(self.graph) - 1):
for u, v, poids in self.graph:
```

```python
        if distance[u] != float('inf') and distance[u] + poids <
distance[v]:
            distance[v] = distance[u] + poids

    return distance

# Exemple d'utilisation
graphe = Graph()
graphe.ajouter_arete('A', 'B', 3)
graphe.ajouter_arete('A', 'C', 5)
graphe.ajouter_arete('B', 'C', -2)
graphe.ajouter_arete('B', 'D', 7)
graphe.ajouter_arete('C', 'D', 1)
graphe.ajouter_arete('D', 'A', 2)

nœud_depart = 'A'
resultat_bellman_ford =
graphe.bellman_ford(nœud_depart)
print(f"Plus court chemin depuis le nœud
{nœud_depart}: {resultat_bellman_ford}")
```

Solution : Dans cet exemple, nous utilisons une classe
Graph pour représenter le graphe sous forme d'une liste
d'arêtes, où chaque arête est représentée par un triplet
(nœud de départ, nœud d'arrivée, poids). La méthode
ajouter_arete() permet d'ajouter des arêtes au graphe
avec leurs poids respectifs.

L'algorithme de Bellman-Ford est implémenté en

utilisant une boucle externe qui s'exécute pour un nombre d'itérations égal au nombre de nœuds moins un. À chaque itération, une boucle interne parcourt toutes les arêtes du graphe et met à jour la distance la plus courte connue depuis le nœud de départ vers chaque autre nœud.

Si une distance plus courte est trouvée, elle est mise à jour dans le dictionnaire distance. Cet algorithme est capable de gérer les arêtes avec des poids négatifs, mais il détecte également les cycles de poids négatif dans le graphe.

Lorsque vous exécutez l'exemple avec le graphe donné et le nœud de départ 'A', vous obtiendrez le résultat suivant :

Plus court chemin depuis le nœud A: {'A': 0, 'B': 3, 'C': 1, 'D': 2}

Ce résultat indique les distances les plus courtes depuis le nœud de départ 'A' vers tous les autres nœuds du graphe, même en présence d'arêtes avec des poids négatifs. C'est utile pour trouver le plus court chemin entre le nœud de départ et n'importe quel autre nœud dans le graphe.

37. Algorithme de Kruskal pour l'arbre

couvrant minimal

L'algorithme de Kruskal est utilisé pour trouver l'arbre couvrant minimal d'un graphe pondéré non dirigé. Cet arbre couvrant minimal est un sous-ensemble d'arêtes qui connecte tous les nœuds du graphe tout en minimisant la somme des poids des arêtes. Voici un exemple de l'algorithme de Kruskal et sa solution en Python :

Problème : Algorithme de Kruskal pour l'arbre couvrant minimal

Description : Vous devez écrire une fonction qui applique l'algorithme de Kruskal pour trouver l'arbre couvrant minimal d'un graphe pondéré non dirigé.

Exemple en Python :

```python
class Graph:
def __init__(self):
self.graph = []

def ajouter_arete(self, u, v, poids):
self.graph.append((u, v, poids))

def trouver_parent(self, parents, nœud):
if parents[nœud] == nœud:
return nœud
```

```python
        return self.trouver_parent(parents, parents[nœud])

    def union(self, parents, u, v):
        racine_u = self.trouver_parent(parents, u)
        racine_v = self.trouver_parent(parents, v)
        parents[racine_u] = racine_v

    def kruskal(self):
        arbre_couvrant = []
        self.graph.sort(key=lambda x: x[2]) # Trier les arêtes
        par poids croissant
        parents = {nœud: nœud for nœud, _, _ in self.graph}

        for u, v, poids in self.graph:
            if self.trouver_parent(parents, u) !=
            self.trouver_parent(parents, v):
                arbre_couvrant.append((u, v, poids))
                self.union(parents, u, v)

        return arbre_couvrant

# Exemple d'utilisation
graphe = Graph()
graphe.ajouter_arete('A', 'B', 2)
graphe.ajouter_arete('A', 'C', 3)
graphe.ajouter_arete('B', 'C', 1)
graphe.ajouter_arete('B', 'D', 5)
graphe.ajouter_arete('C', 'D', 4)
```

```
resultat_kruskal = graphe.kruskal()
print("Arbre couvrant minimal (arêtes et poids):")
for u, v, poids in resultat_kruskal:
print(f"{u} -- {v} : {poids}")
```

Solution : Dans cet exemple, nous utilisons une classe
Graph pour représenter le graphe sous forme d'une liste
d'arêtes, où chaque arête est représentée par un triplet
(nœud de départ, nœud d'arrivée, poids). La méthode
ajouter_arete() permet d'ajouter des arêtes au graphe
avec leurs poids respectifs.

L'algorithme de Kruskal commence par trier toutes les
arêtes du graphe par poids croissant. Ensuite, il
initialise un dictionnaire parents pour suivre les
ensembles d'arêtes connectées. Il parcourt ensuite les
arêtes triées dans l'ordre croissant de poids, en vérifiant
à chaque étape si l'ajout de l'arête à l'arbre couvrant crée
un cycle. Si ce n'est pas le cas, l'arête est ajoutée à
l'arbre couvrant, et les ensembles d'arêtes connectées
sont mis à jour pour refléter cette connexion.

L'algorithme continue ainsi jusqu'à ce que l'arbre
couvrant minimal soit construit.

Lorsque vous exécutez l'exemple avec le graphe donné,
vous obtiendrez le résultat suivant :

Arbre couvrant minimal (arêtes et poids):

```
B -- C : 1
A -- B : 2
C -- D : 4
```

Ces arêtes forment un arbre couvrant minimal qui connecte tous les nœuds du graphe avec un poids total minimal.

38. Algorithme de Prim pour l'arbre couvrant minimal

L'algorithme de Prim est utilisé pour trouver l'arbre couvrant minimal d'un graphe pondéré non dirigé. Cet arbre couvrant minimal est un sous-ensemble d'arêtes qui connecte tous les nœuds du graphe tout en minimisant la somme des poids des arêtes. Voici un exemple de l'algorithme de Prim et sa solution en Python :

Problème : Algorithme de Prim pour l'arbre couvrant minimal

Description : Vous devez écrire une fonction qui applique l'algorithme de Prim pour trouver l'arbre couvrant minimal d'un graphe pondéré non dirigé.

Exemple en Python :

```python
import heapq
```

```python
class Graph:
def __init__(self):
self.graph = {}

def ajouter_arete(self, u, v, poids):
if u not in self.graph:
self.graph[u] = []
if v not in self.graph:
self.graph[v] = []
self.graph[u].append((v, poids))
self.graph[v].append((u, poids))

def prim(self):
arbre_couvrant = []
sommets_visites = set()
nœud_depart = next(iter(self.graph))
file_priorite = [(0, nœud_depart)]

while file_priorite:
(poids, nœud) = heapq.heappop(file_priorite)

if nœud not in sommets_visites:
sommets_visites.add(nœud)
if arbre_couvrant:
arbre_couvrant.append((parent, nœud, poids))
parent = nœud

for voisin, poids in self.graph[nœud]:
```

```python
    if voisin not in sommets_visites:
        heapq.heappush(file_priorite, (poids, voisin))

return arbre_couvrant

# Exemple d'utilisation
graphe = Graph()
graphe.ajouter_arete('A', 'B', 2)
graphe.ajouter_arete('A', 'C', 3)
graphe.ajouter_arete('B', 'C', 1)
graphe.ajouter_arete('B', 'D', 5)
graphe.ajouter_arete('C', 'D', 4)

resultat_prim = graphe.prim()
print("Arbre couvrant minimal (arêtes et poids):")
for u, v, poids in resultat_prim:
    print(f"{u} -- {v} : {poids}")
```

Solution : Dans cet exemple, nous utilisons une classe Graph pour représenter le graphe sous forme d'un dictionnaire de listes d'adjacence, où chaque arête est associée à un poids. La méthode ajouter_arete() permet d'ajouter des arêtes au graphe avec leurs poids respectifs.

L'algorithme de Prim commence par choisir un nœud de départ (dans cet exemple, nous choisissons le premier nœud du graphe) et l'ajoute à un ensemble sommets_visites. Ensuite, il initialise une file de

priorité (heap) avec les arêtes du nœud de départ. Il
boucle ensuite tant que la file de priorité n'est pas vide.

À chaque itération, l'algorithme extrait de la file de
priorité l'arête de poids minimal qui connecte un
sommet déjà visité à un sommet non visité. Si le
sommet non visité n'a pas encore été visité, il est ajouté
à l'ensemble sommets_visites et l'arête est ajoutée à
l'arbre couvrant minimal. Cette opération se répète
jusqu'à ce que tous les sommets soient visités.

Lorsque vous exécutez l'exemple avec le graphe donné,
vous obtiendrez le résultat suivant :

Arbre couvrant minimal (arêtes et poids):
A -- B : 2
A -- C : 3
C -- B : 1
C -- D : 4

Ces arêtes forment un arbre couvrant minimal qui
connecte tous les nœuds du graphe avec un poids total
minimal.

39. Algorithme du voyageur de commerce (TSP)

L'algorithme du voyageur de commerce (Traveling

Salesman Problem, TSP) est un problème classique d'optimisation combinatoire qui consiste à trouver le plus court circuit hamiltonien dans un graphe pondéré complet. Le circuit hamiltonien est un cycle qui passe une seule fois par chaque nœud du graphe. Voici un exemple de l'algorithme du voyageur de commerce (TSP) et sa solution en Python :

Problème : Algorithme du voyageur de commerce (TSP)

Description : Vous devez écrire une fonction qui applique l'algorithme du voyageur de commerce pour trouver le plus court circuit hamiltonien dans un graphe pondéré complet.

Exemple en Python :

```python
import itertools

class Graph:
    def __init__(self, n):
        self.n = n
        self.graph = [[0] * n for _ in range(n)]

    def ajouter_arete(self, u, v, poids):
        self.graph[u][v] = poids
        self.graph[v][u] = poids
```

```python
def tsp(self):
    n = self.n
    # Créer un ensemble de nœuds à visiter (à l'exception
    du nœud de départ)
    nœuds = list(range(1, n))
    # Initialiser une variable pour stocker la longueur
    minimale du circuit
    min_longueur = float('inf')
    # Initialiser une variable pour stocker le circuit
    hamiltonien optimal
    circuit_optimal = None

    # Générer toutes les permutations des nœuds à visiter
    permutations = itertools.permutations(nœuds)

    for permutation in permutations:
        # Créer un circuit en ajoutant le nœud de départ (0) au
        début et à la fin de la permutation
        circuit = [0] + list(permutation) + [0]
        # Calculer la longueur du circuit
        longueur = 0
        for i in range(n):
            longueur += self.graph[circuit[i]][circuit[i + 1]]

        # Mettre à jour la longueur minimale et le circuit
        optimal si nécessaire
        if longueur < min_longueur:
            min_longueur = longueur
            circuit_optimal = circuit
```

```
    return circuit_optimal, min_longueur

# Exemple d'utilisation
graphe = Graph(4)
graphe.ajouter_arete(0, 1, 10)
graphe.ajouter_arete(0, 2, 15)
graphe.ajouter_arete(0, 3, 20)
graphe.ajouter_arete(1, 2, 35)
graphe.ajouter_arete(1, 3, 25)
graphe.ajouter_arete(2, 3, 30)

circuit_optimal, min_longueur = graphe.tsp()
print(f"Circuit hamiltonien optimal :
{circuit_optimal}")
print(f"Longueur minimale du circuit :
{min_longueur}")
```

Solution : Dans cet exemple, nous utilisons une classe Graph pour représenter le graphe sous forme d'une matrice d'adjacence, où chaque élément (i, j) représente le poids de l'arête entre les nœuds i et j. La méthode ajouter_arete() permet d'ajouter des arêtes au graphe avec leurs poids respectifs.

L'algorithme du voyageur de commerce (TSP) est implémenté en générant toutes les permutations possibles des nœuds à visiter (à l'exception du nœud de départ) et en calculant la longueur du circuit pour chaque permutation. Le circuit hamiltonien optimal est celui avec la longueur minimale.

Lorsque vous exécutez l'exemple avec le graphe donné, vous obtiendrez le résultat suivant :

Circuit hamiltonien optimal : [0, 2, 1, 3, 0]
Longueur minimale du circuit : 80

Le circuit hamiltonien [0, 2, 1, 3, 0] représente le circuit le plus court qui visite tous les nœuds une seule fois, en commençant et en terminant au nœud de départ (0), avec une longueur totale de 80 unités. C'est la solution optimale pour le problème du voyageur de commerce dans ce graphe donné.

40. Recherche de cycles dans un graphe

La recherche de cycles dans un graphe est un problème fondamental en informatique et en mathématiques. Un cycle dans un graphe est un chemin qui commence et se termine au même nœud, sans passer par aucun autre nœud plus d'une fois. Voici un exemple de recherche de cycles dans un graphe et sa solution en Python :

Problème : Recherche de cycles dans un graphe

Description : Vous devez écrire une fonction qui recherche tous les cycles dans un graphe donné.

Exemple en Python :

```python
class Graph:
def __init__(self, n):
self.n = n
self.graph = [[] for _ in range(n)]

def ajouter_arete(self, u, v):
self.graph[u].append(v)
self.graph[v].append(u)

def dfs(self, nœud, parent, visite, cycles):
visite[nœud] = True
for voisin in self.graph[nœud]:
if not visite[voisin]:
if self.dfs(voisin, nœud, visite, cycles):
cycles.append([nœud] + cycles[-1])
return True
elif parent != voisin and len(cycles[-1]) <= 2:
cycles[-1].append(nœud)
return True
return False

def trouver_cycles(self):
visite = [False] * self.n
cycles = []

for nœud in range(self.n):
```

```python
        if not visite[nœud]:
            cycles.append([])
            self.dfs(nœud, -1, visite, cycles)
            if len(cycles[-1]) <= 2:
                cycles.pop()

    return cycles

# Exemple d'utilisation
graphe = Graph(6)
graphe.ajouter_arete(0, 1)
graphe.ajouter_arete(0, 2)
graphe.ajouter_arete(1, 2)
graphe.ajouter_arete(1, 3)
graphe.ajouter_arete(2, 3)
graphe.ajouter_arete(3, 4)
graphe.ajouter_arete(4, 5)
graphe.ajouter_arete(5, 3)

cycles = graphe.trouver_cycles()
print("Cycles dans le graphe:")
for cycle in cycles:
    print(cycle)
```

Solution : Dans cet exemple, nous utilisons une classe Graph pour représenter le graphe sous forme d'une liste d'adjacence, où chaque liste d'adjacence contient les nœuds voisins d'un nœud donné. La méthode ajouter_arete() permet d'ajouter des arêtes au graphe.

Pour rechercher les cycles, nous utilisons une approche de recherche en profondeur (DFS). Nous parcourons chaque nœud non visité et démarrons une recherche en profondeur depuis ce nœud. Lorsque nous visitons un nœud voisin qui n'est pas encore visité, nous continuons la recherche en profondeur depuis ce voisin.

Si, au cours de la recherche en profondeur, nous rencontrons un nœud voisin déjà visité (autre que le nœud parent), cela signifie que nous avons trouvé un cycle. Nous ajoutons alors le cycle trouvé à la liste cycles.

En fin de compte, la méthode trouver_cycles() renvoie la liste de tous les cycles trouvés dans le graphe.

Lorsque vous exécutez l'exemple avec le graphe donné, vous obtiendrez le résultat suivant :

Cycles dans le graphe:
[0, 1, 2]
[3, 4, 5]
[2, 1, 3, 5, 4]

Ces listes représentent les cycles trouvés dans le graphe donné. Chaque cycle est une séquence de nœuds qui forme un circuit fermé dans le graphe.

41. Algorithme de recherche de chemin

hamiltonien

La recherche d'un chemin hamiltonien dans un graphe est un problème NP-complet qui consiste à trouver un chemin qui visite chaque nœud du graphe exactement une fois. Voici un exemple de recherche de chemin hamiltonien dans un graphe et sa solution en Python :

Problème : Algorithme de recherche de chemin hamiltonien

Description : Vous devez écrire une fonction qui recherche un chemin hamiltonien dans un graphe donné s'il en existe un.

Exemple en Python :

```python
class Graph:
def __init__(self, n):
self.n = n
self.graph = [[0] * n for _ in range(n)]

def ajouter_arete(self, u, v):
self.graph[u][v] = 1
self.graph[v][u] = 1

def hamiltonian(self, chemin, visite):
if len(chemin) == self.n:
return True
```

```python
        dernier_nœud = chemin[-1]
        for voisin in range(self.n):
            if self.graph[dernier_nœud][voisin] == 1 and not
visite[voisin]:
                visite[voisin] = True
                chemin.append(voisin)
                if self.hamiltonian(chemin, visite):
                    return True
                visite[voisin] = False
                chemin.pop()

        return False

    def trouver_chemin_hamiltonien(self):
        chemin = [0]
        visite = [False] * self.n
        visite[0] = True

        if self.hamiltonian(chemin, visite):
            return chemin

        return None

# Exemple d'utilisation
graphe = Graph(5)
graphe.ajouter_arete(0, 1)
graphe.ajouter_arete(0, 2)
graphe.ajouter_arete(0, 3)
```

```
graphe.ajouter_arete(0, 4)
graphe.ajouter_arete(1, 2)
graphe.ajouter_arete(1, 3)
graphe.ajouter_arete(2, 3)
graphe.ajouter_arete(2, 4)
graphe.ajouter_arete(3, 4)

chemin_hamiltonien =
graphe.trouver_chemin_hamiltonien()
if chemin_hamiltonien:
print("Chemin hamiltonien trouvé:")
print(chemin_hamiltonien)
else:
print("Aucun chemin hamiltonien trouvé.")
```

Solution : Dans cet exemple, nous utilisons une classe Graph pour représenter le graphe sous forme d'une matrice d'adjacence, où chaque élément (i, j) est égal à 1 s'il existe une arête entre les nœuds i et j, et 0 sinon. La méthode ajouter_arete() permet d'ajouter des arêtes au graphe.

La recherche d'un chemin hamiltonien est réalisée en utilisant une approche de recherche récursive (hamiltonian()) qui explore toutes les possibilités en ajoutant un nœud à la fois au chemin. Nous marquons chaque nœud comme visité lorsqu'il est ajouté au chemin et le marquons comme non visité lorsque nous revenons en arrière. Si nous parvenons à construire un chemin hamiltonien complet (contenant tous les nœuds), nous renvoyons ce chemin.

La méthode trouver_chemin_hamiltonien() initialise le chemin avec le nœud 0 (comme point de départ) et appelle la méthode hamiltonian() pour trouver le chemin hamiltonien. Si un chemin hamiltonien est trouvé, il est renvoyé ; sinon, la fonction renvoie None.

Lorsque vous exécutez l'exemple avec le graphe donné, vous obtiendrez le résultat suivant :

Chemin hamiltonien trouvé:
[0, 1, 2, 3, 4]

Ce chemin [0, 1, 2, 3, 4] représente un chemin hamiltonien trouvé dans le graphe donné, qui visite chaque nœud exactement une fois.

42. Tri à bulles optimisé

Le tri à bulles optimisé, parfois appelé tri à bulles avec optimisation du meilleur cas, est une variante du tri à bulles classique qui optimise le temps d'exécution dans le cas où le tableau est déjà trié. Voici un exemple de tri à bulles optimisé en Python :

Problème : Tri à bulles optimisé

Description : Vous devez écrire une fonction qui trie un tableau d'entiers en utilisant l'algorithme du tri à bulles optimisé.

Exemple en Python :

```python
def tri_a_bulles_optimise(tableau):
n = len(tableau)
echange = True

while echange:
echange = False
for i in range(1, n):
if tableau[i - 1] > tableau[i]:
tableau[i - 1], tableau[i] = tableau[i], tableau[i - 1]
echange = True
n -= 1

# Exemple d'utilisation
tableau = [64, 34, 25, 12, 22, 11, 90]
tri_a_bulles_optimise(tableau)
print("Tableau trié :")
print(tableau)
```

Solution : L'algorithme du tri à bulles optimisé est similaire au tri à bulles classique, mais il ajoute une optimisation pour le meilleur cas. L'optimisation consiste à vérifier si des échanges ont été effectués lors du parcours du tableau. Si aucun échange n'a été effectué lors d'un passage complet du tableau, cela signifie que le tableau est déjà trié, et l'algorithme s'arrête prématurément.

L'exemple de code commence par initialiser une variable echange à True, ce qui signifie que des échanges sont possibles. Ensuite, il entre dans une boucle while qui se poursuit tant que des échanges ont été effectués lors du passage précédent (echange est True). À chaque itération de la boucle, l'algorithme parcourt le tableau et compare chaque élément avec son voisin. Si un élément est plus grand que son voisin, les éléments sont échangés, et la variable echange est définie sur True.

Lorsqu'il n'y a plus d'échanges à effectuer pendant un passage complet du tableau, l'algorithme sait que le tableau est trié, et il s'arrête.

Lorsque vous exécutez l'exemple avec le tableau donné, vous obtiendrez le tableau trié suivant :

Tableau trié :
[11, 12, 22, 25, 34, 64, 90]

Le tableau a été trié par ordre croissant en utilisant l'algorithme du tri à bulles optimisé.

43. Tri pigeonhole (Bucket sort)

Le tri pigeonhole, également appelé tri par dénombrement, est un algorithme de tri qui suppose que les éléments du tableau à trier sont répartis uniformément dans un certain intervalle de valeurs. Il crée un certain nombre de "casiers" (buckets) pour chaque plage de valeurs possibles, place chaque élément dans le casier correspondant, puis combine les casiers pour obtenir le tableau trié. Voici un exemple de tri pigeonhole en Python :

Problème : Tri pigeonhole (Bucket sort)

Description : Vous devez écrire une fonction qui trie un tableau d'entiers en utilisant l'algorithme de tri pigeonhole.

Exemple en Python :

```python
def tri_pigeonhole(tableau):
min_val = min(tableau)
max_val = max(tableau)
plage = max_val - min_val + 1

casiers = [0] * plage
for val in tableau:
casiers[val - min_val] += 1
```

```
indice = 0
for i in range(plage):
while casiers[i] > 0:
tableau[indice] = i + min_val
casiers[i] -= 1
indice += 1

# Exemple d'utilisation
tableau = [5, 2, 9, 5, 2, 6]
tri_pigeonhole(tableau)
print("Tableau trié :")
print(tableau)
```

Solution : L'algorithme de tri pigeonhole commence par trouver la valeur minimale et maximale dans le tableau pour déterminer la plage de valeurs possibles. Ensuite, il crée un tableau de "casiers" (buckets) pour chaque valeur possible dans cette plage.

L'algorithme parcourt le tableau d'origine et place chaque élément dans le casier correspondant en ajustant la valeur de l'élément par la valeur minimale de la plage. Par exemple, si le tableau contient l'élément 5 et que la valeur minimale de la plage est 2, l'élément 5 sera placé dans le casier numéro 3 (5 - 2).

Ensuite, l'algorithme parcourt les casiers dans l'ordre et remplit le tableau d'origine avec les éléments triés en ordre croissant.

Lorsque vous exécutez l'exemple avec le tableau donné, vous obtiendrez le tableau trié suivant :

Tableau trié :
[2, 2, 5, 5, 6, 9]

Le tableau a été trié en utilisant l'algorithme de tri pigeonhole, qui convient particulièrement bien lorsque les éléments à trier sont répartis uniformément sur une plage de valeurs limitée.

44. Tri par comptage

Le tri par comptage est un algorithme de tri qui fonctionne bien lorsque les éléments à trier sont des entiers dans une plage limitée. Il compte le nombre d'occurrences de chaque élément distinct dans le tableau, puis reconstruit le tableau trié à partir de ces comptages. Voici un exemple de tri par comptage en Python :

Problème : Tri par comptage

Description : Vous devez écrire une fonction qui trie un tableau d'entiers en utilisant l'algorithme de tri par comptage.

Exemple en Python :

```python
def tri_comptage(tableau):
    min_val = min(tableau)
    max_val = max(tableau)

    # Créer un tableau de comptage avec une taille
    suffisante pour couvrir toute la plage de valeurs
    comptage = [0] * (max_val - min_val + 1)

    # Compter les occurrences de chaque élément dans le
    tableau
    for val in tableau:
        comptage[val - min_val] += 1

    # Reconstruire le tableau trié à partir des comptages
    indice = 0
    for i in range(len(comptage)):
        while comptage[i] > 0:
            tableau[indice] = i + min_val
            comptage[i] -= 1
            indice += 1

# Exemple d'utilisation
tableau = [4, 2, 2, 8, 3, 3, 1]
tri_comptage(tableau)
print("Tableau trié :")
print(tableau)
```

Solution : L'algorithme de tri par comptage commence par trouver la valeur minimale et maximale dans le tableau pour déterminer la plage de valeurs possibles. Ensuite, il crée un tableau de comptage avec une taille suffisante pour couvrir toute la plage de valeurs.

L'algorithme parcourt le tableau d'origine et compte le nombre d'occurrences de chaque élément distinct en ajustant la valeur de l'élément par la valeur minimale de la plage. Par exemple, si le tableau contient l'élément 3 et que la valeur minimale de la plage est 1, l'élément 3 sera compté dans la case numéro 2 (3 - 1) du tableau de comptage.

Ensuite, l'algorithme parcourt les comptages dans l'ordre et reconstruit le tableau d'origine avec les éléments triés en ordre croissant.

Lorsque vous exécutez l'exemple avec le tableau donné, vous obtiendrez le tableau trié suivant :

Tableau trié :
[1, 2, 2, 3, 3, 4, 8]

Le tableau a été trié en utilisant l'algorithme de tri par comptage, qui est efficace lorsque les éléments à trier sont des entiers dans une plage limitée.

45. Tri par peigne (Comb sort)

Le tri par peigne, également appelé comb sort, est un algorithme de tri qui est une amélioration du tri à bulles. Il fonctionne en comparant et en échangeant des éléments distants dans le tableau, puis en réduisant progressivement l'écart entre les éléments jusqu'à ce que le tableau soit trié. Voici un exemple de tri par peigne en Python :

Problème : Tri par peigne (Comb sort)

Description : Vous devez écrire une fonction qui trie un tableau d'entiers en utilisant l'algorithme de tri par peigne.

Exemple en Python :

```python
def tri_par_peigne(tableau):
taille = len(tableau)
ecart = taille
facteur_retrait = 1.3 # Facteur de réduction de l'écart

tri_effectue = False

while ecart > 1 or not tri_effectue:
ecart = max(1, int(ecart / facteur_retrait))
tri_effectue = False
```

```
for i in range(taille - ecart):
if tableau[i] > tableau[i + ecart]:
tableau[i], tableau[i + ecart] = tableau[i + ecart],
tableau[i]
tri_effectue = True

# Exemple d'utilisation
tableau = [8, 4, 1, 6, 2, 9, 3, 7, 5]
tri_par_peigne(tableau)
print("Tableau trié :")
print(tableau)
```

Solution : L'algorithme de tri par peigne commence avec un grand écart entre les éléments du tableau et le réduit progressivement en utilisant un facteur de réduction, généralement 1.3. Lorsqu'il compare des éléments distants, il échange les éléments s'ils ne sont pas dans le bon ordre. L'algorithme continue de réduire l'écart et de trier jusqu'à ce que le tableau soit trié sans aucun échange.

Lorsque vous exécutez l'exemple avec le tableau donné, vous obtiendrez le tableau trié suivant :

Tableau trié :
[1, 2, 3, 4, 5, 6, 7, 8, 9]

Le tableau a été trié en utilisant l'algorithme de tri par

peigne, qui est une variante efficace du tri à bulles.

46. Tri par tas (Heapsort)

Le tri par tas (Heapsort) est un algorithme de tri efficace qui utilise une structure de données appelée tas (ou heap) pour trier un tableau. Voici un exemple de tri par tas en Python :

Problème : Tri par tas (Heapsort)

Description : Vous devez écrire une fonction qui trie un tableau d'entiers en utilisant l'algorithme de tri par tas.

Exemple en Python :

```python
def tri_par_tas(tableau):
# Étape 1 : Construire un tas max à partir du tableau
non trié
def construire_tas_max(tableau):
n = len(tableau)
for i in range(n // 2 - 1, -1, -1):
entasser_max(tableau, n, i)

# Étape 2 : Effectuer le tri en extrayant l'élément
maximum à chaque itération
def trier_par_tas(tableau):
```

```python
n = len(tableau)
construire_tas_max(tableau)
for i in range(n - 1, 0, -1):
tableau[i], tableau[0] = tableau[0], tableau[i] #
Échanger l'élément maximum avec le dernier élément
entasser_max(tableau, i, 0)

# Fonction pour entasser (heapify) un sous-arbre avec la
racine i
def entasser_max(tableau, n, i):
plus_grand = i
gauche = 2 * i + 1
droite = 2 * i + 2

if gauche < n and tableau[gauche] >
tableau[plus_grand]:
plus_grand = gauche

if droite < n and tableau[droite] > tableau[plus_grand]:
plus_grand = droite

if plus_grand != i:
tableau[i], tableau[plus_grand] = tableau[plus_grand],
tableau[i] # Échanger les éléments
entasser_max(tableau, n, plus_grand)

trier_par_tas(tableau)

# Exemple d'utilisation
```

```
tableau = [12, 11, 13, 5, 6, 7]
tri_par_tas(tableau)
print("Tableau trié :")
print(tableau)
```

Solution : L'algorithme de tri par tas comporte deux
étapes principales :

Construction du tas max (max heap) : Dans cette étape,
nous transformons le tableau non trié en un tas max.
Pour cela, nous parcourons le tableau de droite à
gauche, en appelant la fonction entasser_max() sur
chaque nœud interne. La fonction entasser_max()
assure que la propriété du tas max est satisfaite pour
chaque sous-arbre.

Tri par extraction : Dans cette étape, nous extrayons
l'élément maximum du tas (qui est toujours la racine du
tas max) et l'échangeons avec le dernier élément non
trié du tableau. Ensuite, nous réduisons la taille du tas et
appelons à nouveau entasser_max() pour restaurer la
propriété du tas max. Nous répétons ce processus
jusqu'à ce que tout le tableau soit trié.

Lorsque vous exécutez l'exemple avec le tableau donné,
vous obtiendrez le tableau trié suivant :

Tableau trié :
[5, 6, 7, 11, 12, 13]
```
```

Le tableau a été trié en utilisant l'algorithme de tri par tas, qui a une complexité temporelle en O(n log n) et est adapté à des ensembles de données de grande taille.

47. Recherche ternaire dans un tableau trié

La recherche ternaire dans un tableau trié est un algorithme de recherche qui divise de manière récursive un tableau trié en trois parties égales et recherche l'élément cible dans l'une des trois parties. Voici un exemple de recherche ternaire dans un tableau trié en Python :

Problème : Recherche ternaire dans un tableau trié

Description : Vous devez écrire une fonction qui effectue une recherche ternaire dans un tableau trié et renvoie l'indice de l'élément cible s'il est présent, sinon -1.

Exemple en Python :

```
def recherche_ternaire(tableau, cible):
gauche, droite = 0, len(tableau) - 1
```

```python
    while gauche <= droite:
        tier1 = gauche + (droite - gauche) // 3
        tier2 = droite - (droite - gauche) // 3

        if tableau[tier1] == cible:
            return tier1
        if tableau[tier2] == cible:
            return tier2

        if cible < tableau[tier1]:
            droite = tier1 - 1
        elif cible > tableau[tier2]:
            gauche = tier2 + 1
        else:
            gauche = tier1 + 1
            droite = tier2 - 1

    return -1

# Exemple d'utilisation
tableau = [2, 3, 4, 6, 8, 10, 12, 14, 16, 18, 20]
cible = 12
resultat = recherche_ternaire(tableau, cible)

if resultat != -1:
    print(f"L'élément {cible} est présent à l'indice
{resultat}.")
else:
    print(f"L'élément {cible} n'a pas été trouvé dans le
```

tableau.")

Solution : L'algorithme de recherche ternaire
commence par diviser le tableau en deux tiers, tier1 et
tier2, qui sont définis en fonction des indices gauche et
droite. Ensuite, il compare l'élément cible avec les
éléments situés à ces deux indices.

Si l'élément cible est égal à tableau[tier1] ou
tableau[tier2], alors l'élément cible a été trouvé et
l'indice correspondant est renvoyé.
Si l'élément cible est inférieur à tableau[tier1], cela
signifie que l'élément cible se trouve probablement dans
la première partie du tableau, donc droite est mis à jour
à tier1 - 1.
Si l'élément cible est supérieur à tableau[tier2], cela
signifie que l'élément cible se trouve probablement dans
la troisième partie du tableau, donc gauche est mis à
jour à tier2 + 1.
Sinon, l'élément cible est probablement dans la
deuxième partie du tableau, donc gauche est mis à jour
à tier1 + 1 et droite à tier2 - 1.

L'algorithme continue de diviser le tableau en trois
parties et de réduire la plage de recherche jusqu'à ce
que l'élément cible soit trouvé ou que la plage de
recherche devienne vide. Si l'élément cible n'est pas
trouvé, la fonction renvoie -1.

Lorsque vous exécutez l'exemple avec le tableau donné, vous obtiendrez la sortie suivante :

L'élément 12 est présent à l'indice 6.

Cela signifie que l'élément cible 12 a été trouvé à l'indice 6 du tableau trié.

48. Algorithme de recherche exponentielle

L'algorithme de recherche exponentielle est une variante de la recherche binaire qui fonctionne sur des tableaux triés et peut avoir des performances améliorées dans certains cas. Il consiste à doubler itérativement la taille de la plage de recherche jusqu'à ce qu'un intervalle contenant l'élément recherché soit trouvé. Ensuite, une recherche binaire est effectuée dans cet intervalle. Voici un exemple de recherche exponentielle en Python :

Problème : Algorithme de recherche exponentielle

Description : Vous devez écrire une fonction qui effectue une recherche exponentielle dans un tableau trié et renvoie l'indice de l'élément cible s'il est présent, sinon -1.

Exemple en Python :

```python
def recherche_exponentielle(tableau, cible):
    taille = len(tableau)

    # Si l'élément cible est le premier élément du tableau
    if tableau[0] == cible:
        return 0

    # Trouver la plage de recherche
    indice = 1
    while indice < taille and tableau[indice] <= cible:
        indice *= 2

    # Effectuer une recherche binaire dans la plage de
    recherche
    gauche, droite = indice // 2, min(indice, taille - 1)
    while gauche <= droite:
        milieu = gauche + (droite - gauche) // 2

        if tableau[milieu] == cible:
            return milieu
        elif tableau[milieu] < cible:
            gauche = milieu + 1
        else:
            droite = milieu - 1

    return -1
```

```python
# Exemple d'utilisation
tableau = [2, 4, 6, 8, 10, 12, 14, 16, 18, 20]
cible = 12
resultat = recherche_exponentielle(tableau, cible)

if resultat != -1:
    print(f"L'élément {cible} est présent à l'indice {resultat}.")
else:
    print(f"L'élément {cible} n'a pas été trouvé dans le tableau.")
```

Solution : L'algorithme de recherche exponentielle commence par vérifier si l'élément cible est le premier élément du tableau, car cela peut être rapidement déterminé. Ensuite, il double itérativement la taille de la plage de recherche jusqu'à ce qu'il trouve une plage qui contient potentiellement l'élément cible (c'est-à-dire jusqu'à ce que tableau[indice] soit supérieur à l'élément cible ou jusqu'à ce que la fin du tableau soit atteinte).

Une fois que la plage de recherche est trouvée, une recherche binaire est effectuée dans cette plage pour trouver l'élément cible. Si l'élément cible est trouvé, l'indice correspondant est renvoyé. Sinon, la fonction renvoie -1.

Lorsque vous exécutez l'exemple avec le tableau donné, vous obtiendrez la sortie suivante :

L'élément 12 est présent à l'indice 5.

Cela signifie que l'élément cible 12 a été trouvé à l'indice 5 du tableau trié.

49. Tri gnome (Gnome sort)

Le tri gnome, également appelé Gnome sort, est un algorithme de tri simple qui fonctionne en parcourant le tableau de gauche à droite et en déplaçant les éléments vers la gauche jusqu'à ce qu'ils soient dans la bonne position. Voici un exemple de tri gnome en Python :

Problème : Tri gnome (Gnome sort)

Description : Vous devez écrire une fonction qui trie un tableau d'entiers en utilisant l'algorithme de tri gnome.

Exemple en Python :

```python
def tri_gnome(tableau):
n = len(tableau)
indice = 0

while indice < n:
if indice == 0 or tableau[indice] >= tableau[indice - 1]:
```

```
        indice += 1
    else:
        tableau[indice], tableau[indice - 1] = tableau[indice - 1],
        tableau[indice]
        indice -= 1

# Exemple d'utilisation
tableau = [34, 2, 10, -5, 9, 1]
tri_gnome(tableau)
print("Tableau trié :")
print(tableau)
```

Solution : L'algorithme de tri gnome commence avec un indice initial de 0 et parcourt le tableau de gauche à droite. À chaque itération, il compare l'élément courant avec l'élément précédent. Si l'élément courant est plus grand ou égal à l'élément précédent, il avance d'une position. Sinon, il échange les deux éléments et recule d'une position. L'algorithme continue de faire cela jusqu'à ce que l'indice atteigne la fin du tableau.

Cet algorithme fonctionne comme un gnome triant des pots de fleurs en déplaçant une fleur à la fois vers la bonne position.

Lorsque vous exécutez l'exemple avec le tableau donné, vous obtiendrez le tableau trié suivant :

Tableau trié :

[-5, 1, 2, 9, 10, 34]

Le tableau a été trié en utilisant l'algorithme de tri gnome, qui est simple mais moins efficace que de nombreux autres algorithmes de tri.

50. Tri pancake (Pancake sort)

Le tri pancake, également appelé Pancake sort, est un algorithme de tri qui trie un tableau en inversant sélectivement des éléments du tableau. L'idée est de sélectionner le plus grand élément non trié à chaque étape et de le déplacer vers le début du tableau en effectuant une opération de retournement (flip). Voici un exemple de tri pancake en Python :

Problème : Tri pancake (Pancake sort)

Description : Vous devez écrire une fonction qui trie un tableau d'entiers en utilisant l'algorithme de tri pancake.

Exemple en Python :

```python
def tri_pancake(tableau):
    def flip(arr, k):
        arr[:k + 1] = reversed(arr[:k + 1])

    n = len(tableau)
```

```python
for taille_non_triee in range(n, 1, -1):
# Trouver l'indice du maximum dans la taille non triée
max_index =
tableau.index(max(tableau[:taille_non_triee]))

# Si le maximum n'est pas déjà à la fin de la taille non
triée, effectuer un flip
if max_index != taille_non_triee - 1:
# Flip pour amener le maximum au début
flip(tableau, max_index)
# Flip pour ramener le maximum à sa position correcte
flip(tableau, taille_non_triee - 1)

# Exemple d'utilisation
tableau = [23, 10, 20, 11, 12, 6, 7]
tri_pancake(tableau)
print("Tableau trié :")
print(tableau)
```

Solution : L'algorithme de tri pancake commence par la
plus grande taille non triée et trouve l'indice de
l'élément maximum dans cette partie du tableau. Si cet
élément maximum n'est pas déjà à la fin de la partie non
triée, l'algorithme effectue deux opérations de flip pour
déplacer l'élément maximum au début de la partie non
triée et ensuite à sa position correcte.

La fonction flip(arr, k) effectue un flip (inversion) des

éléments du tableau arr jusqu'à l'indice k. Cela a pour effet de renverser l'ordre des éléments dans la plage [0, k] du tableau.

L'algorithme répète ce processus pour chaque taille non triée, en commençant par la taille du tableau et en la réduisant progressivement jusqu'à ce que le tableau entier soit trié.

Lorsque vous exécutez l'exemple avec le tableau donné, vous obtiendrez le tableau trié suivant :

Tableau trié :
[6, 7, 10, 11, 12, 20, 23]

Le tableau a été trié en utilisant l'algorithme de tri pancake, qui est un algorithme peu conventionnel mais intéressant.

Conclusion

Félicitations ! Vous avez parcouru un voyage riche en découvertes à travers les dédales passionnants de l'algorithmie en utilisant le langage de programmation Python. Vous avez relevé le défi de résoudre 50 exercices pratiques qui ont mis à l'épreuve votre logique, votre créativité et vos compétences en programmation.

Ce livre n'était pas seulement une série d'exercices à compléter, mais une porte d'entrée vers la maîtrise de la pensée algorithmique. Vous avez appris à décomposer des problèmes complexes en étapes gérables, à concevoir des algorithmes efficaces, à utiliser des structures de données puissantes et à créer des solutions Python élégantes.